「きちんとしている」と言われる「話し方」の教科書

矢野 香
Kaori Yano

プレジデント社

はじめに

入社3年以内。

これは、最近のベンチャー企業経営者が、入社後、独立して起業までに要した時間です。

彼らは、入社3年以内に上司やお客様の信頼を得て、独立までこぎつけています。

「石の上にも3年」は、今や古い考え方となりました。

会社員の経験は、信頼を獲得して独立するまでの、布石とも言えます。


これは起業に限った話ではありません。

会社の中で生きていくときも同じ。

職場によって年数の違いはあるものの、早ければ、入社3年以内に大きな差がつき、将来の道が分かれる時代となりました。

社会人になるということは、
初めて会社という「組織」に入ることです。
「組織」とは、人から評価される場所です。
組織で評価され、認められた人だけが、
会社の中で出世したり、独立して成功したりするのです。

私の専門は、心理学の対人認知という分野です。

話し方やコミュニケーションの違いにより、相手にどう評価されるのかについて国立大学で教員として研究を続けています。

つまり、「他者からの評価を上げる専門家」です。


ここ数年、新入社員研修のご依頼をよくいただくようになりました。

従来は、エグゼクティブのためのトレーニングを専門に行っていましたので、新人研修はお断りしていました。

しかし、「将来の幹部候補だけ選抜した特別な研修だから」ということで依頼をいただくケースが増えたのです。そのため今では、未来のエグゼクティブのために、新人を対象にした研修も行っています。

そこでお会いする将来エグゼクティブになる人たちは、男女問わず、**新人のときから上司や先輩に可愛がられている**という特徴があります。

入社1年目から大事な会議に同席させてもらったり、他社への同行を許されたり、周りのエグゼクティブに顔を覚えられ、目をかけられ、最初から認められ、好かれているのです。

その結果、存在価値を認められ自分のやりたい仕事ができ、活き活きと働いています。

彼らは入社後、年数を経て時間をかけて徐々に信頼されていったのではなく、最初から違うのです。

一体、何が違うのか？

それは話し方・振る舞い方の違いです。

彼らは**トップに信頼されるための〝きちんと〟を身につけている**のです。

組織が新人を評価する基準。

それは、コミュニケーション能力。

なかでも、**話し方の基礎となる「気くばり力」「聞く力」「伝える力」の３つです。**

つまり、組織に認められるためには、
これらの３つの力を満たした〝きちんと〟した話し方ができる人間であることを
アピールすることが重要なのです。

私は、偏差値が40台しかない地方の女子大の出身です。
堂々と言える学歴がないので、就職活動のときからずっと、〝きちんと感〟を武装してきました。

その結果、ＮＨＫに採用していただき、入局1年目からニュース番組でメインキャスターの仕事をさせていただけるようになりました。今では国会議員などの政治家、上場企業幹部、企業経営者など、エグゼクティブを対象に、コミュニケーションのご指導をさせていただいております。

こんな私だからこそ思います。

たとえ自分の能力に自信がなかったとしても、

〝きちんと〟した話し方さえ押さえていれば、周りから評価されます。
評価されることが続けば、やがて少しずつ本物の自信もついてきます。

〝きちんと〟した話し方は、信頼されるための武器です。
〝きちんと〟した話し方は、あなたを守る鎧《よろい》です。
〝きちんと〟した話し方という武器を手に、社会で戦う戦士が、社会人なのです。

この本は、入社1年目から〝きちんとしている〟〝できる社員〟と言われるための最低限のポイントを押さえています。すでにご存じの方にはシンプルなコミュニケーション法ですが、入社3年目までにこれができていないと「イタイ」という基本ともいえます。

周りからの信頼は、
何か大きな成功をすることで、手に入れるものではありません。
何も小さな失敗をしないことで、積み上げていくものです。
攻めではなく、〝きちんと感〟という鎧で守り、結果として勝ち取るのが、周りからの絶対的な評価です。
あなたが入社3年目までなら、チャンスがあります。
この本で、あなたの今までの人生をリセットし、
いわゆる「社会人デビュー」を果たしてくださることを応援します。

矢野　香

「きちんとしている」と言われる「話し方」の教科書◎目次

第1章
きちんとした話し方①
入社1年目は
気くばりが9割

第2章 きちんとした話し方②
結果を出す人は話し上手よりも聞き上手

第3章 きちんとした話し方③ 〝信頼感のある〟伝え方を覚えよう

第１章
きちんとした話し方①
入社１年目は気くばりが９割

1 報告は1分以内。「いい報告が」「悪い報告が」で前置きする

ビジネス上の会話、特に上司への報告は、起承転結で話さないことです。

起承転結は、物語仕立てで話すときに使います。聞き手をハラハラ、ドキドキさせる構成です。学生のときは、飲み会や合コンで盛り上がる話し方、つまり起承転結を使ったオチのある話し方が好まれたかもしれません。しかしビジネスのときは、起承転結ではまどろっこしい。時間がかかりすぎです。結論から話すことが重要です。

結論から話す場合、さらに意識してもらいたいことがあります。

それは、その結論がいい話なのか悪い話なのかを先に言うことです。

たとえば、上司のところへ行ったら、「いい報告があります」、あるいは、「悪い報告なんですが」と、まずグッドニュースかバッドニュースか、いいか悪いかを言ってほしいのです。

なぜなら、いいか悪いかを先に言ってもらえると、聞く側は、安心して聞いていいのか、深刻に聞くべきなのかがわかるからです。

これはまさに、ニュースでアナウンサーがやっていることです。「うれしいニュースが届きました」「続いては、難航が伝えられている○○情勢です」というように最初に言ってからニュースの内容を伝えます。これと同じです。

報告の流れは、結論・本論・締めの3部構成です。

さらに、**報告は1分以内に終えましょう。最初の15秒でいい話か悪い話かの結論を言い、残りの45秒で詳細を話す**のです。1分程度の報告をしたあとは質疑応答です。細かい内容は上司からの質問に答えていけばいいのです。

ここで実際の報告の場面で使えるサンプルを紹介しましょう。ぜひ参考にしてみてください。これは1分間の報告の例文です。

・最初の15秒で、いい話か悪い話かを報告する

「悪い報告があります。

先週A社から担当案件についてクレームを受けました。

最終的に現在は、A社も納得してくださっています。

詳細について、今からご報告してもよろしいですか？」

・残りの45秒で、詳細を話す

「クレーム内容は、A社の○○案件について××ということで、担当の田中様より先週の火曜日にお電話をいただきました。対応として、その日のうちに私がA社にお伺いして、△△をしました。最終的にはA社も納得してくださいました。今回のトラブルは、■■が原因の一つではないかと考え、現在、今後の対策を立てているところです」

最初から詳細も含めて3分も5分もだらだら話されると、聞いているほうはイライラしてきます。報告は、1分以内で簡潔に、いい話か悪い話かを最初に言うことです。

きちんと会話のルール

いい話なのか、悪い話なのかを先に言う

2 メールはリハーサルと予告用。大切な話は会って話そう

業務上、何か迷ったことや困ったことを上司や先輩に相談しようと思ったときは、先にメールで予告しておきましょう。

「このようなことを相談したいので、お時間いただけますか」というように、相談内容について、あらかじめメールに書いておくのです。

そして会ったときには、「メールで書いた件で、ご相談したいことがあります」と切り出します。

あらかじめメールを送っておくのは、答えを考える時間を相手に与えることができるからです。会って急に「相談があります」と言われても、上司もすぐには回答できないかもしれません。

たとえば、人事の問題や法律上の問題だった場合、その場ですぐに答えをもらうのは

難しい可能性があります。

その場では、「じゃあ、調べておくよ」と言ってくれたとしても、相手にも日常の業務がありますから、忘れてしまったり後回しにされてしまうこともあるでしょう。

相談するときは、メールで先手を打っておけば回答の準備をしておいてもらえます。それから本番の相談をするのがスムーズです。

なお、遅刻の連絡をメールで済ませるのはいけません。きちんと電話で伝えるようにしましょう。

なぜなら、メールは一方向のコミュニケーションだからです。メールは、相手に反応させない手段でもあります。つまり、メールで遅刻の連絡をした場合、上司は怒りたくても怒れない。メールでの遅刻連絡は、もっと言えば一種の暴力とも言えます。

言いにくいことこそ、メールではなく、きちんと電話をすることです。

メールは、リハーサルと予告です。対面が本番です。

「こういう内容で相談したいから、会ってもらえますか？」とメールで聞いて、本番の相談はフェイス・トゥ・フェイスですること。
最終的には、顔と顔を合わせて感情が見える場面で相談し、判断することが大切です。

きちんと会話のルール

最終的には、直接会って話す。フェイス・トゥ・フェイスで！

3「教えてください」と堂々と言うと熱意が伝わる

何かを教えてほしいときは、最初の一言が重要です。

「すみません、今お時間、ちょっといいですか。お尋ねしたいことがあるんですが……」というように、気を使って話しかける人がいます。

しかし相手は、仕事中に何かをしているところをさえぎられるので、前置きが長いとイライラするものです。

「何?　早く言ってよ」となるでしょう。

話しかけるときの最初の一言は、ハッキリと「教えてください」と言ったほうが好感を持たれます。

前置きが長い人は、「けど」を使う傾向があります。

たとえば、「質問があるんですけど、ちょっと今よろしいですか」というように。「けど」を使って、だらだらと長くなるのは望ましくありません。

むしろ、「教えてください。ここはどうすればいいですか？」と簡潔に聞きましょう。

「教えてください」が言えずに、自分で判断して行動してしまう人もいます。

聞きづらい気持ちはわかりますが、自己判断では誤ってしまう可能性があります。

その結果、二度手間になったり、会社に損害を与えるようなことになってしまったなら、大変です。

「こんなことを聞いたら恥ずかしい」と思わず、自分なりに調べてもわからなかったなら、「教えてください」と堂々と言える人になりましょう。

入社1年目では、誰に聞いていいかわからないことも出てくるでしょう。そういうときは、上司や先輩に、「誰に聞けばいいですか？」と尋ねてください。

その上司や先輩が教えてくれるかもしれませんし、適任の人を指名してくれるかもしれません。

入社1年目なら、最初の6か月間は試用期間という企業が多いはずです。その間に、わからないことを遠慮せずにどんどん聞くことです。

そういう新人は熱心に見られて可愛がられます。

1日も早く会社に慣れて一人前になれるように、どんどん聞くようにしましょう。

きちんとした会話のルール

「けど」を使ってダラダラと話す人は嫌われる

4 何度も教えてもらえるコツは、人前での〝お礼と感謝〟

慣れないうちは、先輩や上司に教わることがたくさんあります。

教えてもらったら、必ずお礼と感謝を忘れずにするようにしましょう。

「教えてもらって当たり前」という態度でいると、次からは教えてもらえなくなります。「最初だからと思って教えたのに、自分だけでできたような顔をしている。もうあいつには教えない」と思われてしまったなら、あなたにとって大損害。

誰でも最初は、教えてくれるものです。

しかし、そのあとにお礼と感謝をしなかったなら、2回目、3回目はありません。

●実例　こんなお礼のメールが書けたらいい！

矢野　香　様

いつもお世話になります。
○△会社の山田太郎です。
本日10時より弊社の株主総会があり、先ほど無事終了致しました。
株主様からの質問にたいして、私は、４件答弁致しました。
役員の中では私の回答数が一番多かったです。

> **10時・４件など具体的な数字での報告**

結局、事前に教えていただいたこと全部は実践できなかった気がしますが、
事前の準備等で、気持ちの余裕ができたことが良かったかと思います。
ありがとうございました。

> **謝辞が入る**

社員の一人が、総会の最後に「総会に初めて出席しましたが感銘を受けました」と
わざわざ言いに来てくださった株主の方がいたと感激していました。
そのような反応があって私も嬉しいです。
矢野様には、また改めて、本日の答弁について
ご指導いただきたく存じます。
具体的には話している途中の「えー」「あー」という言葉をなくしたいと思います。
本日の様子をビデオに撮影していますので、
ぜひご覧いただきご指導いただけますか。

> **事実が入る**

> **具体的な次回への行動依頼**

今後ともよろしくご指導お願いいたします。
****
サインが入る
名前（TARO　YAMADA）
社名　株式会社
住所
電話
メール
社訓などコピー
****

※筆者が顧客の方から受け取ったサンプル文

「また何かあったら聞きにこいよ」とは言われなくなるでしょう。

お礼と感謝といっても、何か物を贈るという意味ではありません。

何かを教わったなら、言葉で「ありがとうございます」とお礼を伝え、「おかげさまで助かりました」と感謝の言葉を言うことです。


また、**相手を立てることも重要です。ポイントは人前で立てること。**

たとえば、上司から、「企画書、よく書けていたよ」とほめられたなら、「はい。◯◯先輩に教わって書きました。◯◯先輩のおかげです」と先輩を立てるのです。


教わってうまくいったとき、決して一人でやったようなふりをしないことです。

教わり上手になりましょう。

きちんと会話のルール

教えてもらって当たり前、ではない

5 指示待ち人間に見えないためには、クローズド・クエスチョンが大事

入社1年目は、どうしても指示待ち人間になりがちです。社会人では、指示待ち人間は使えない人として嫌われます。

指示待ちに見えないようにするには、質問の仕方が重要です。

いつも「わかりません」「教えてください」「何をすればいいですか？」と言うのはいけません。必ず、クローズド・クエスチョンをすることです。

クローズド・クエスチョンとは、相手がイエスかノーで答えられる質問のことを言います。その逆にオープン・クエスチョンとは、「どうしますか？」というように、イエスかノーで答えられない質問のことを言います。

たとえば、「企画書をまとめろと言われたんですが、どうすればいいですか？」というようなオープン・クエスチョンはしないことです。これだと、指示待ち人間に見られます。

そうではなく、相手がイエスかノーの二択で答えられるクローズド・クエスチョンで、たとえば「企画書をまとめろと言われたんですが、フォーマットがわからないので見せてください」というように、具体的に聞くようにしましょう。

「わからないので、教えてください」だとアバウトすぎて、教えるほうも何を教えていいのかわからないという状態になります。

「部内会議の締め切りが近いですが、どうしたらいいですか？」ではダメです。「課長、部内会議の締め切りが近いので、私が資料を作っていますが、必ず入れておくべきデータはありますか？」というように具体的に聞けば、やる気や意思を伝えることができます。

何を教えてもらえれば、あなた自身の業務が円滑に進むのか。具体的な作業や物に落とし込んで、質問をしましょう。

きちんと会話のルール

教えてほしいときは、具体的に聞く

6 お願い事は具体的にすると、可愛がられる

具体例がいいのは、質問だけではありません。お願い事も同じです。たとえば会議に出たとき、上司のプレゼンテーションがとても上手で、同じようなプレゼンテーションができるようになりたいと思ったとしましょう。そんなときは、具体的にお願いしましょう。

「この前のプレゼンテーションのパワーポイントのデータをいただけませんか？」とか、「参考資料を教えていただけませんか？」というようにお願いし、上手に甘えるのです。

上司の手持ちの会議資料やプレゼンテーション資料には、上司の書き込みがあるはずです。そのメモ書きが貴重な宝です。

入社1年目は、「そんなお願いをしたら悪いかな」と勝手な遠慮をしがちです。そこは、ちょっとずうずうしいくらい、遠慮せずにお願いしてみてください。入社5年目を過ぎても同じようだと困りますが、入社1年目なら、特権と思って甘えることです。そ

のほうが、可愛がられる部下になれます。

上司も、部下から立てられたり頼られたりするのは、うれしく思うものです。

そして何より、上司は部下を育てるのが役目です。部下に頼られるのは、上司にとっても重要なことなのです。部下を育てて戦力化し、少しでも早く仕事が回るようになったほうが、上司にとって自分の務めを果たしているとも言えます。まずは上司から、「育てがいのある部下だ」と思われる必要があります。具体的なお願いをすることで、あなたは有望株だと伝えましょう。

「資料はいつでも見られるから、今は見なくていいや」「会議でパワーポイントを見られるからいいや」ではなく、いつか転職したり独立したりするときのことも考えて、今の会社で学べることは学んでおくという姿勢が重要です。

きちんと会話のルール

上司は部下に頼られ、部下を育てるのが仕事

7 大失敗をしてしまったら、「私に今できることは？」と尋ねよう

社会人にとって、個人のリスクマネジメント（危機管理）は重要です。あなたが何か謝らなければならないことになったときは、包み隠さずに、すべてを上司に報告することです。できれば、ここには触れてほしくない、ということもあるでしょう。それでも、「隠さない」という態度が最も大切です。謝罪の際に重要なことは、何よりも「隠し事をしていません」という姿勢を伝えることです。

ビジネスでは、**日がたってから、「実は、こんなこともありました」と隠していた情報が徐々に出てくるのが、最も批判されます。**

謝罪では、すぐに謝ったあとに、すべてを情報開示する必要があります。経緯を包み隠さず公開するのです。

とはいえ、実際に大失敗をしてしまったときは、呆然として謝ることすらできないこ

ともあります。私も経験があるのですが、自分が大失敗をして頭が真っ白になっているうちに、周りの人たちが代わりに謝り始めたりします。

大きな失敗をすると、本人はショック状態で固まってしまうものです。そんなときには、とりあえず、この言葉を言ってください。

「私に今できることは何ですか？」

謝らなきゃ！　と焦り「すみません、すみません、すみません」とずっと繰り返していても解決に向かいません。まずは、「私に今できることは何ですか？」と聞くことです。

してしまったことは事実なので、あとでお叱りを受けるとして、今、自分がやらなければいけないことは何かを質問するのです。

応急処置です。その上で、すべて落ち着いてから、「すみませんでした」としっかり謝ればいいのです。

たとえば、会議に遅刻してしまった場合。「すみません、電車が遅れていました」とか、「体調が悪くて」などの言い訳もできますが、それよりも次のような質問をするほうがよほど建設的です。

「すみません、今から参加してもいいですか？」「まだ会議室に入れますか？」「外で会議が終わるのを待っていたほうがいいですか？」というように、今何をすべきかを質問しましょう。

きちんと会話のルール

失敗したときは、言い訳せず、何をすべきかを質問する

8「何か隠しているのでは？」と思わせるのが最も不信感を生む

失敗や不手際があったときは、包み隠さず話すことが重要です。

企業向けの謝罪会見対策でメディアトレーニング（放送局・新聞社などマスメディア対応のスキル訓練）をすることがあります。私がまずクライアントに言うのは、「1回で記者会見を終えましょう」ということです。

よい記者会見はすぐに終わる、無難に終わる傾向があります。つまり、いい記者会見とは、「情報開示しました」「何も隠していません」というのが報道陣にわかる会見ということです。

記者会見のあとで、その会社に非難が殺到してしまうことがあります。たいていは、「実は」「いや、実は」と、あとになって徐々に事実が出て、そのたびに会見を開くケースです。

よい記者会見にするには、包み隠さず話していることを示す必要があります。

まずは、あらかじめ資料を渡しておくこと。記者会見の始まる前に資料をメール等で送っておき、「このことについて本人の口から話します」と伝えます。記者会見当日は、Q＆Aには時間の許す限りすべて答えてもらいます。

これらの記者会見対策のテクニックをビジネスの現場に応用するなら、謝罪の場面が当てはまります。何か失敗をしたときに、上司に報告する、お客様や営業先にお詫びするシーンです。

社会人1年目は、包み隠さず全部話し、真摯に対応することを意識しましょう。お客様に対しては、「今回の数字が間違っていたことについて、今、上司に報告して調査しています。明日には結果がわかりますので、また明日、連絡いたします」というように、実況中継するのです。

そうすることで、すべてを包み隠さず伝えていると感じてもらえます。あとになって、「実はこれも間違っていました」「あれも間違っていました」と小出しにするのが最もよくない対応です。

「何か隠しているのでは？」と思わせてしまうのが一番の不信感につながります。不信感をもたれないために、経過をすべて報告していくことが大切です。

きちんと会話のルール

経過を実況中継しながら報告する

9 3大タブー言葉を避ければ、感じのいい人と思われる

質問のあとの返事で、印象がいい人と悪い人がいます。印象が悪い人は、たいてい、3大タブー言葉を使っています。

3大タブー言葉とは、「了解しました」「なるほど」「参考になりました」です。

「了解しました」はよく使う言葉ですが、一般的なビジネスマナーとして、目上の人に使うのは避けたほうがいいとされています。文法的には間違いではありませんが、失礼と思う人がいる以上、避けたほうがいいでしょう。

「なるほど」は、目上の者が目下の者の意見を判断するときに使う言葉です。上司に使うと失礼に当たります。

「参考になりました」もまた、失礼な言い方です。「参考にするけど、言うことは聞かないよ」というニュアンスを感じさせてしまうのです。「せっかく教えたのに参考程度

にしかならなかったのか」と、相手に思わせてしまう危険性があります。
これらの言葉は、なるべく言い換えて、感じのいい新人と思われましょう。

×了解しました　↓　◯承知しました、かしこまりました
×なるほど　↓　◯ためになります
×参考になりました　↓　◯ぜひ使わせていただきます、ぜひそうさせていただきます

きちんと会話のルール

相手の気分を害しやすい言葉は、印象がよくなる言葉に言い換える

10 よく使う言葉は辞書を引くことで、目上の人への失敗を避けられる

NHKでは、アナウンサーは、本番で口に出そうと思った言葉は必ず事前に、辞書を引いていました。

それも、インターネット上に公開されている辞書ではなく、『広辞苑』や『日本国語大辞典』のような紙の辞書を引きます。

そうすると、「本来は……」という説明が記載されている言葉があります。

たとえば、「やっぱり」という言葉。辞書を引くと、『『やはり』の変化したもの」と書いてあります。本来は、「やはり」という言葉が正しく、「やっぱり」は正しくない。

つまり、「やっぱり」という言葉は日常会話に使うもので、ビジネスシーンにはふさわしくない言葉遣いということになるでしょう。

ビジネスでは、このように「本来は……」と書かれたほうの言葉を使うように心がけ

たいものです。

インターネット上の辞書には、このような「本来は……」が付いているものが、ほとんど見当たりません。ですから、紙の辞書を引いていただきたいのです。

入社1年目の人にとっては、「本来は……」の部分を知ることが非常に重要です。

なぜなら、上司や取引先の経営者は、「本来は……」のほうに書かれている言葉の使い方にしかなじみがない世代かもしれないからです。〝最近の若者は言葉遣いがなってない〟と言われかねません。

特に目上の方と話すときには、「本来は……」のほうの意味を知っておいたほうがいいでしょう。

きちんと会話のルール

「本来は……」の意味がわかる辞書を引こう

11 リアクションだけでも、コミュニケーションは成立する

今の入社1年目世代は、表情が変化しないという特徴があります。

質問されて答えても、「わかりました」と能面のような無表情で言われるので、理解しているのかいないのか、質問に答えた側にはわかりません。

ただ彼らが無表情だから何も感じていないのかというと、そんなことはありません。社員研修でお話しさせていただくとき、聞いている新人の方々にリアクションがなく、満足していただけなかったかと反省していると、あとで「感動しました」と感想を言われたりします。

自分が無表情になっているかどうかを確かめるには、正面を向いて、目だけを下に向けて笑ってみてください。そのときに自分の頬の肉が見えなかったら無表情になっています。自分の頬の肉が見えないときは、相手から能面のような表情に見えています。

無表情では、コミュニケーションは成り立ちません。表情で、その場その場の感情を伝える必要があります。

といっても、いつもにこにこと笑顔でなければいけないというわけではありません。何かリアクションを返すことが大切ということです。

人は、何か質問に答えてもらったときや新しい知識が入ったときは、驚きの表情をするものです。

教えてもらった内容がたとえネガティブなことであっても、「あ、そうだったのか！」と思うと、人はハッとした顔になります。

ハッとした表情は眉が上がります。

たとえば、上司に、「ダメじゃないか。さっきの取引先様に『参考になります』と言ったろう。『参考』っていうのは失礼な言葉なんだぞ」と言われたような場合、「え、そうだったのか！」と、一瞬、驚いたように見える表情をしましょう。

そうすると、「理解しました」「教えてくれてありがとうございます」「改めます」と、上司に対して表情で伝えることができるのです。

質問に答えてもらったのに表情で応えないのは、あなたが投げたボールを相手が投げ返してくれたにもかかわらず、無視してしまうようなものです。

残念ながら入社1年目の人には、このようなコミュニケーションしかできていない人が多いようです。

ボールを投げただけで終わらせず、キャッチボールが続くようにしましょう。

きちんと会話のルール

その場その場で感情を伝えるために、驚いた表情ができるようになろう

12 人間関係の「近い」「遠い」で言葉を使い分けると、正しい敬語が使える

敬語というものは、相手との関係性で使い分ける必要があります。特に悩むのは、社外より社内です。敬語は、相手と自分との人間関係の「近い」「遠い」という距離で考えると、わかりやすくなります。

先輩と部長と新入社員であるあなたの3人がいた場合は、先輩のほうが近く、部長のほうが遠くなります。遠い人、つまりこの場合は部長に対して敬語が必要です。

人間関係の距離を測るコツは、「私たち」と言ったときに、誰が「私たち」になるのかを考えることです。

たとえば、あなたが営業部に所属していたとします。営業部の部長と総務部の部長、営業部の先輩と自分がいたときに、「私たち」と言った場合は誰が入りますか？　営業部の部長・先輩・自分で「営業部の私たち」になるでしょう。「私たち」に入らない人には敬語を使います。つまり、ここでは総務部長だけに敬語を使います。2人とも部長

だからと総務部長と営業部長に敬語で話すのは間違いになるのです。

このように、「私たち」と言ったときに、どこまでをチームにするのかを考えると、敬語を使うシーンがわかりやすくなります。もう一度言います。「私たち」に入らない人に敬語を使います。最もわかりやすいのは、他社へ行ったときです。自分と同じ会社の人は「私たち」になりますから、たとえ上司でも敬語は使いません。

また、他社の人たちとプロジェクトチームを組んで仕事に当たるときは、たとえ他社の人であってもチームメンバーは「私たち」となるでしょう。

一緒にプロジェクトを進めていくのに、他社の人だからといって、ずっとよそよそしい敬語のままだと、チームになった一体感が生まれないかもしれません。

同じプロジェクトをやっていく仲間として、言葉遣いは少しくらい崩れてもいいということです。

話し方の使い分けをする際は、先輩、部長、お客様など、肩書や立場で考えるのではなく、「私たち」と言ったら、どこまでが入るのかをチェックしましょう。

営業トークが上手な人は、あえてお客様を「私たち」の中に入れて話します。「私た

●「私たち」に入るメンバーは？

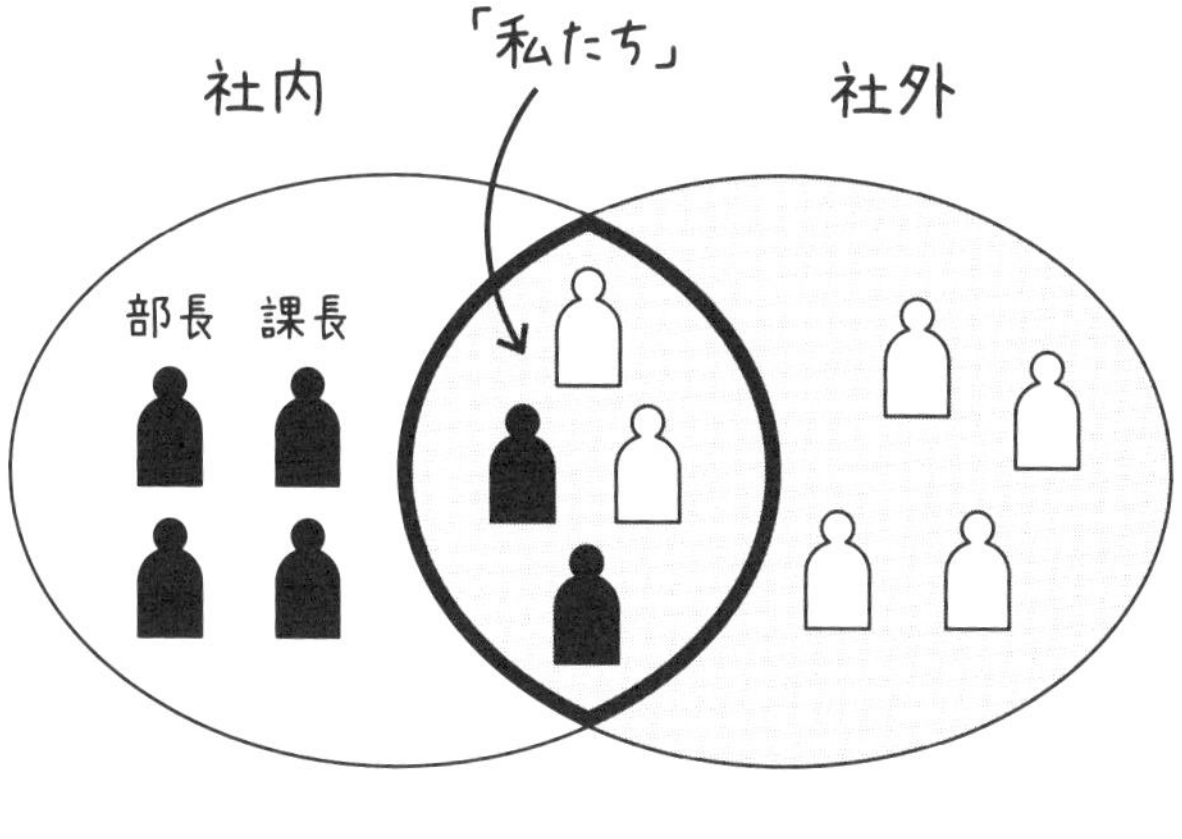

敬語の使い分けで難しいのが、社内や社外の人たちが入り混じったときです。そんなケースで、「私たち」と言ったら、そこに誰が入るのかを考えてみるのです。そうすれば上司もお客様も他社の人ともうまくいきます。

ち消費者にとっては、この商品が役に立ちますよね」とか、「私たち一人暮らしには、この形がいいですよね」など、お客様を「私たち」のセットにしてしまうことで、共有感を生むのです。

あるいは、「お客様にはこのようにお勧めしていますが、◯◯さんには、これがお勧めですよ」というように、他のお客様には言わないけれど、◯◯さんだけには特別にお伝えしますよと、「私たち」の秘密として距離感をうまく使う人もいます。

きちんとの会話のルール

「私たち」の範囲を考えて、敬語を使い分けよう

13 眉毛を上げれば、親近感も上がる

取引先やお客様など社外の人と初めて会ったときは、次にまた会いそうな人や会いたい人には、必ず次の面会までに連絡をしておきましょう。

手段は、メールや葉書、電話などです。2回目に会ったときに、相手から「メールありがとう」「葉書ありがとう」と言われるような、かけ橋になるような行動をすると、次に会ったときの印象がぐっとよくなります。

社内の人の場合は、2回目の対面がいつくるかわかりません。エレベーターでばったり会うかもしれませんし、飲み会のときに予想外に一緒になるかもしれません。

そんなときは、相手を発見したときの表情がとても大切です。「あ、◯◯さんだ」と思ったら、うれしい顔をする必要があります。その人を見つけたことがうれしいということを、表情で伝えるのです。

当然ですが、眉をひそめてしまうと、感じの悪い人になってしまいますし、無表情では、何を考えているかわからず、不気味な印象を与えてしまいます。

人は、相手を発見してうれしいとき、眉が一瞬だけ上がる動きを見せます。これを、アイブローフラッシュと呼びます。

感じがいい人と思ってもらうには、その人を見た瞬間に、眉を上げることが重要です。

理想は、見つけた瞬間に眉が上がることですが、なかなかすぐにはできないかもしれません。眉を上げる習慣がなかった人は、表情が固まっていて上がらなかったりするので、そういう人は、「二度見」を使いましょう。

つまり、「あ、いる」と、相手の存在に気づいたら、いったん視線をそらして、「あっ！　◯◯さん」と声をかけるときに眉を上げればいいのです。

眉は、息を吸うと上がるので、息を吸ってから、「あっ！　◯◯さん、こんにちは」と挨拶をします。息を吸わずに「◯◯さん、こんにちは」と言うと、眉は動きません。ですから、必ず息を吸うようにしましょう。

●うれしさを示す表情は眉を上げることで作れる

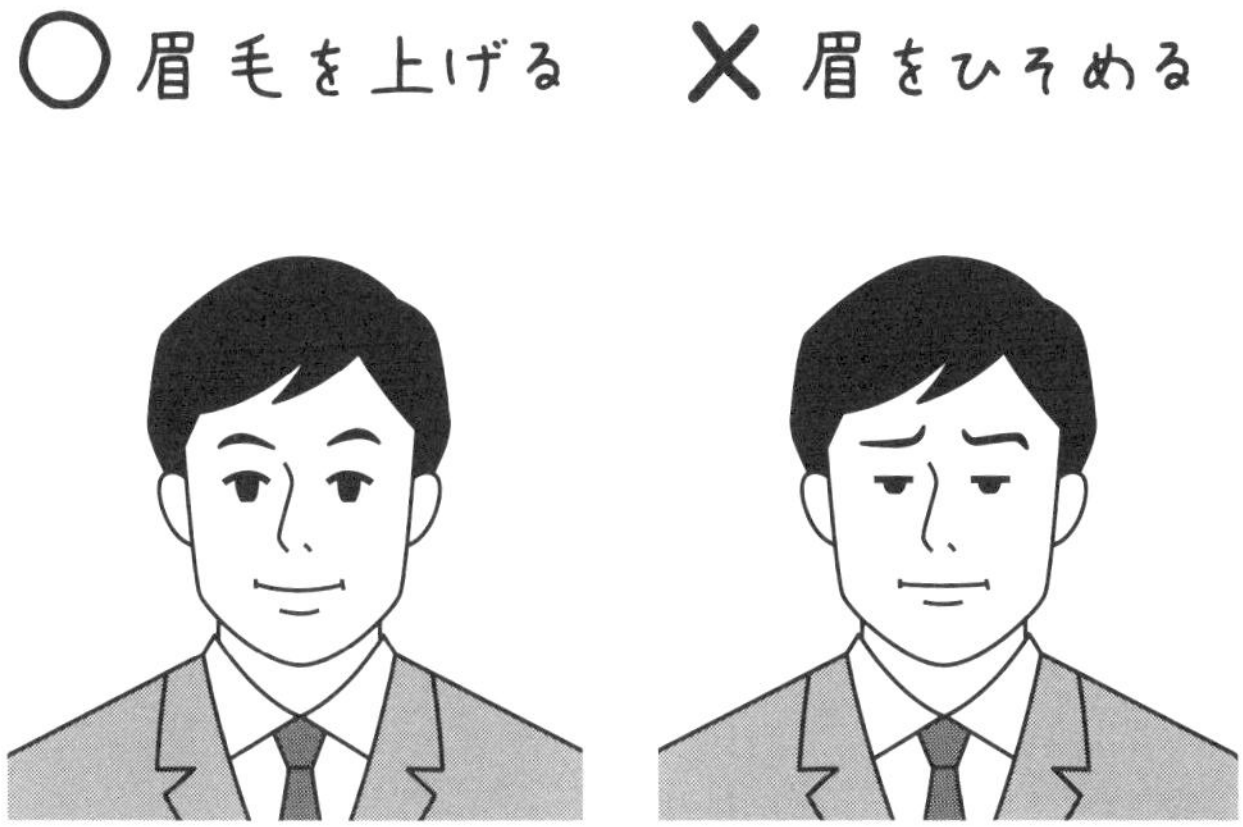

感じのいい人は、どんな表情をしているのか。上のイラストを比較してください。そう、眉毛に大きな差があるのです。眉が上がるか下がるかで、感じがいいか悪いかが一目瞭然。ちなみに息を吸うと、眉毛は上がります。

息を大きく鼻から吸って、必ず「あ」を付けて声をかけます。
いったん息を吸って、眉を自然に上げながら、「あっ！　◯◯さん、こんにちは」。このような顔をされて、あなたに親近感を持たない人はいないはずです。

きちんと会話のルール

「あっ！　◯◯さん」と、うれしい表情をしてみよう

14
2回目以降の面会の話題は、お礼と報告が正解

初対面のあと、2回目に会うとき、どんな話をすれば、あなたの信頼度は上がるでしょうか。

一つは、前回に会ったときのことを言うのが簡単で効果的です。「この前は、ご指導いただき、ありがとうございました」というように、「この前は」を付けて、ちょっとしたお礼を言うのがお勧めです。

また、「おかげさまでお客様に喜ばれました。ありがとうございます」のように、結果の報告をするのもいいでしょう。メールや電話で報告するまでもないことを、「この前は」を付けて言うことです。

もう一つは、「きどにたてかけし衣食住」（き・季節や気候、ど・道楽（趣味）、に・ニュース、た・旅、て・テレビ、か・家族、け・健康、し・仕事、衣・衣服、食・食べ

物、住・住まい）と言われる、当たりさわりなく盛り上がる話題を選ぶことです。

これらは、共感される話題であり、「いや、それは違う」と言われることのないものです。お天気の話題がいいと言われるのは、「暑いですね」と言ったら、「いや、寒いです」と反対する人はまずいないからです。

では、3回目以降の面会の場合はどうでしょう？　2回目と同様に、

「最初にお会いしたとき、こうでしたね」

「お会いする前にメールで、こんなやり取りをしましたね」

というように、最初に接触したときのことを話題にするのもいいでしょう。

さらに上級編としては、2回目に面会したときに得た情報をふくらませて話すのがお勧めです。

たとえば、「落語がお好きっておっしゃっていましたよね。私も先日、初めて寄席に行ってみたんですが、わからないことがあるので教えていただけませんか」というように、お互いが共感するポイントに、何か新しい話題を入れると喜んでもらえます。そう

すると、会話のキャッチボールができます。

話題は何でも構いません。会話のキャッチボールができたという事実に対し、相手は信頼感を感じてくれるのです。

きちんと会話のルール

会話のキャッチボールができれば、話題は何でもいい

15 着席したら、相手と自分の間には何も置かない

第一印象で好印象を与えるには、挨拶が重要です。挨拶のポイントは距離です。相手のパーソナルスペース（人と人との快適距離）に一度進入して、距離をいったん縮めてしまうのです。

ＮＨＫでニュースを担当していたとき、番組のゲストに政治家・大臣がいらっしゃることがありました。そういう立場の方は、たいてい本番直前にスタジオに直接いらっしゃるので、事前に挨拶することができません。そのため、ＶＴＲ（録画撮り）の途中で挨拶することになります。マイクのコードが付いているので立ち上がっての挨拶はできないのですが、私は少しでも体を寄せ、距離を近づけて挨拶するようにしていました。

近づくことで、好印象をもってもらえるからです。

たとえば会議室に入ったとき、先に来ていた先輩が遠くの席に座っていたとします。入り口で「お疲れさまです」と言って距離を保ったまま自分の席に座るのでは、せっか

くの挨拶の効果が半減。「お疲れさまです」と言いながら、その人の前まで行っておじぎしてから、席に着くようにしましょう。できるだけ相手に近づいてから挨拶をする。そのあとで自分の席に行って座るのです。

そうすると、わざわざ近くまで来てくれたということで、好印象につながります。

さらにそのとき、相手と自分の間には何も置かないのがベストです。物で相手との境界線を作らないということです。２人の間に、お茶が１本あるだけでも邪魔になります。ホテルのラウンジなら、ナプキンホルダーが相手との間にあるかもしれません。間に物があったら、それが小さなものであったとしても、必ずよけてください。

できるエグゼクティブは、必ずこれをやっています。社長が新入社員の近くまで行って、「頑張ってるか」とポンと肩を叩いていく。たったそれだけでうれしいと思いませんか？　社会人１年目はこれの逆をすればいいのです。

きちんと会話のルール

パーソナルスペースに一度、入って挨拶してみる

16「あ、私も今日は魚の気分でした」。食事は、上司と同じものを頼もう

楽しみながら食事を一緒にするのは、動物ではヒトくらいのものです。動物は、たいてい隠しながら食べるものです。

一緒に食事をするのは、ヒトとしての本能を見せ合うことでもあり、だからこそ、**一緒に食事をすると仲良くなりやすい**のです。

一緒に食事をするときに意識してもらいたいのは、いわゆる「とりあえずビール」というような、みんなで同じものを飲む習慣です。

みんなが同じものを頼むときに、一人だけ違うものにしないことです。

ランチのときも同じです。Aランチが肉、Bランチが魚だったとしましょう。上司が「魚」と言ったら自分も「魚」と、同じものを頼みましょう。そうすれば、「この魚、お

いしいですね」とか、同じ食べ物での共通の話題づくりができます。

これが恋人同士なら、「肉にする？　じゃあこっちは魚にするから、半分ずつシェアしようか」と言って楽しむことができますが、かなり親しい関係しか、そのようなことはできません。

上司が魚を頼んだなら、「あ、私も今日は魚の気分でした」というように、「同じ」であることをさりげなく伝えましょう。

共通の話題、共通の感覚をもっているという意識があると、急速に仲良くなることができます。

食事を一緒にするのは、仲良くなる絶好のチャンスです。

きちんとした会話のルール

食事は、同じものを頼むと共通の話題で仲良くなれる

17 飲み物の温度を合わせることで、会話のペースが合ってくる

上司と一緒にランチするときは同じものを頼むといいとお伝えしましたが、毎回、「私も同じで」と言っていると不自然に思われます。「自主性のない人」と思われたら本末転倒です。

そんなときは、「温度を合わせる」ことを意識してみてください。

たとえば、上司がホットコーヒーを頼んだなら、まったく同じホットコーヒーではなく、ホットティーを頼みましょう。コーヒーか紅茶かの問題ではありません。ホットがポイントです。

なぜ温度を合わせるかというと、飲むタイミングが同じになるからです。

ホットコーヒーは熱いので、飲むときに少しずつ時間をかけて飲むことになります。

アイスコーヒーの場合は、ストローで一気に飲んでしまうこともあります。

このように飲むタイミングが違えば、会話のペースが合わなくなってしまうのです。

また、飲み物の温度を合わせることで相手と同じ気持ちを味わいやすくなります。心理学の実験データにも、手にホットコーヒーを持ったか、アイスコーヒーを持ったかで、その後、判断の結果が変わったという事例があります。

同じ温かさの飲み物を選ぶことで、相手と同じテンション、ペースになって、話がはずむのです。


さらに、ここで一つ、上級編をお話ししましょう。

ネガティブな話や相談事のあるときは、温かい飲み物が向いています。ため息はフーっと吐き出しますよね。温かい飲み物を飲んだときも、同じようにフーっと息を吐き出したくなります。

逆に、ポジティブな話をするときは冷たい飲み物が合っています。


季節が夏だから冷たい飲み物、冬だから温かい飲み物ではなく、飲み物の温度は話の内容に合わせるのが上級編。

「うれしい報告があるんですが、聞いていただけますか」というときにホットコーヒーだと、テンションが下がってしまいます。

そういうときはアイスコーヒーを頼んで、一気に飲んでから、「契約、取れました！」というように話をすると、互いのテンションが上がります。それが温かい飲み物だと、ペースがゆっくりすぎて話が一気に盛り上がらないのです。

飲み物は季節で選ぶだけでなく話の内容に合わせるのが、できるビジネスマンへの一歩です。

きちんと会話のルール

飲み物の選択は、会話の内容に合わせて戦略的に！

18 報告やお礼の時期を逸したとしても「忘れていた」と言う必要はない

報告をしようと思っていたのに、うっかり忘れてしまったとき。

「忘れていました」と正直に言ってしまうのは、あまり好ましくありません。いい加減な印象を与えてしまうからです。

そういうときは、テレビでいう「暇ネタ」の扱い方を知っておくと役に立ちます。

「暇ネタ」とは、いつでも使えるフリーストックネタのことを言います。

ニュースは、NEW（新しい）の複数形のNEWSからきています。ほとんどの場合、その日に取材したネタは当日のうちに放送しなければNEWSではありません。しかし「暇ネタ」は季節の花や子どもの話題が多いので、2、3日なら遅れても構いません。そこでニュース番組では2、3日経ってNEWS（ニュース）ではなくなってしまった「暇ネタ」を、いかにニュースにするかということを考えます。

その方法の一つが、「先日」という言葉を使うことです。

その当日の話題ではないものを放送するとき、詳細な日付を言うと、「なんで今日、放送するの」と言われかねません。そこで言葉では「先日」とぼかしてしまうのです。ただし、そのままだとニュース番組としての信ぴょう性が落ちてしまうので、映像には正確な日付を入れておきます。言葉では言わないだけです。

これをビジネスで応用するなら、うっかり報告をし忘れたことは、口頭で「先日、こういうことがあったんですが」と報告し、書類にはきちんと日付を入れておくことです。

以下の２つの言い方を比べてみてください。

×「**言い忘れていたんですが**、先日、こういうやり取りがありました。その件で、本日午前中にお客様からお問い合わせがありました」

○「**本日午前中、**お客様からお問い合わせがあったので、ご報告します。先日、こういうやり取りがありました」

いかがでしょうか。後者のほうが、デキる感じがしませんか。わざわざ「忘れていた」と言う必要はないのです。

「今の時間」を最初に、また主語にもってきて話せば、言い忘れたように聞こえなくなります。

お礼もこれと同じです。

すぐにお礼をすればよかったのに、うっかり忘れてしまった場合。

「お会いすると思ったので、先日のお礼にこれを持ってきました」と言うようにしましょう。

そうすれば、忘れていたとあえて言う必要はありません。

これを応用して、「○○を見たら、△△さんのことを思い出して、この前のお礼を言いたくなりました」というメールを送るという手もあります。「思い出した」というフレーズを使えば、忘れていたという印象を与えることなく、「わざわざ連絡をくれたんだな」と好印象を持ってもらえます。

きちんと会話のルール

「先日は」という言葉を使いこなして、デキる感を出そう

19 余計な一言は、今までの信頼感を損なう

若手社員の多くは、どこがポイントなのかわからずたくさん話してしまい、一言多いと思われるケースも多々あります。余計な一言で、信頼感を損なってしまうのです。

ポイントがわかっていれば言うべきことと言うべきでないことが判断できますが、新人のときは、それも難しいものです。

また、思ったことをそのまま口にしてしまったり、考えている過程をそのまま実況中継のように話してしまう人も残念ながらいます。

そうすると、整理能力のない人と思われてしまい、印象が悪くなってしまいます。

私が新人のときにＮＨＫで言われたのは、「意味のないことは話すな」ということです。どういうことかというと、**適当に相づちを打ったり、関係のない余計な一言を話すなということ。つまり、目的がないなら話すな、**ということです。

会話をしていると、相手が話し終わったから次は自分が何か言わなければいけないと思い、余計な一言を言ってしまうこともあります。

相手の話に対して、同意するとか反対するとかの目的がないなら、余計なことを話さず、ただうなずいておくことです。

一言多いと言われるのは、無理やり何かを話そうとしたときかもしれません。うなずいているだけなら、一言多いと言われることは、まずありません。

わからないときは黙って、うなずいておくこと。そこに何か気の利いた一言を言おうとするので、「余計な一言」と言われてしまうのです。

きちんと会話のルール

目的のない話はせず、黙ってうなずいておくこと

20 「うざい人」と思われないためには、逆接の接続詞は使わない

特に入社早々の若い世代に気を付けてほしいのは、接続詞から話し始めないことです。「でも」というような逆接の接続詞や、「それって」という言葉で話し始める人がよくいます。

直接、結論を話すのが怖いため、接続詞から入るのかもしれません。しかし、そのような人は、「うざい人」と思われてしまいます。

「でも、それって◯◯じゃないですかぁ？」というように、接続詞で入って疑問形で終わる話し方は、聞いていて感じのいいものではありません。難癖をつけているようにもとられかねません。

上司や先輩に言われたことに対しては、逆接の接続詞で言葉を返さないことです。指導してもらっているのに反論ばかりしていると、ネガティブな人間に見られます。

そういう人とは話したくなくなりますし、仕事も頼みたくはありません。

「でも」は、反対の意見を切り出すときに使うものですが、口癖になってしまっている人がいます。「でも」で始めているのに、最終的な意見は反論でも何でもなかったりするのです。

ディベートなら、「でも」を使うのもアリです。しかし、通常の会話で、上司に対して部下が「でも」を使うのは、よくありません。代替案があって「でも」と言うのは問題ありませんが、それもなく「でも」から始めるのは、言い訳ばかりを言っているようにも聞こえるからです。


たしかに、接続詞なしで話し始めるのは難しく感じます。

会話をしているときは、「でも」とか「それは」と言いながら、何を言おうか考えていることも多いからです。

何を言おうか考えながら話していると、接続詞で話し始めてしまいます。話している途中に、「えー」「あのー」「そのー」と言いながら考える人もいます。

こういう人は、迷いが見えて頼りない。だからこそ、なるべく接続詞を使わないで話すこと。そのためには、次に何を言おうかと考えるときに黙ることです。余計な接続詞でつないで見切り発車して話すより、間《ま》をとっているほうがマシです。すると、落ちついた思慮深い人に見えます。

特に、返事をするときには、接続詞から入るのは避けてください。

結論からポンと言えれば、大人の会話です。

もちろん、「それ、違います」とは言いづらいので、クッション言葉として、「お言葉ですが、それは違うんじゃないでしょうか」と言うのは構いません。

クッション言葉としての接続詞ではないなら、たんなる迷いであり時間稼ぎですから、なるべく使わないことです。

きちんとした会話のルール

逆接の接続詞で答えない

21 相手にメリットのある話題を選ぶことで、信頼してもらえる

入社1年目は、社会人としての経験がまだ浅いので、上司や取引先の担当者と話すときに、何を話していいかわからないと思うこともあるでしょう。

特に、学生時代の話をしていいのかどうか、迷うこともあるかもしれません。

入社1年目の話題づくりは、相手にメリットのある話題を提供するということにフォーカスしてください。

学生時代の話を聞きたがっている相手には、当然、話していいのです。たとえば、若い人を狙った商品を開発したい相手には、「学生のときは、こう思っていました」とか、「後輩はこんなことを考えています」といった情報提供をすることができたら、相手にとってメリットのある話題です。

相手が何を欲しがっているのかわからないときは、当たりさわりのない天気の話題でもメリットをつくり出すことができます。たとえ天気の話題であっても、「夕方から雨

が降るらしいですよ。傘はお持ちですか？」と言ったら、傘を持っていない相手にとってはメリットのある話になりえます。つまり、**自分の話したいことを話すのではなく、相手にほんの少しでもメリットを与えることができる話題を選ぶ**ことです。

相手のことを下調べするときも、相手にメリットを与える意識をもって情報を集めましょう。会う前に相手のことを調べる人はいますが、たいていは、「○○がお好きだそうですね」「○○をなさっているそうですね」と言ったあと、シーンとなって会話が続かなくなります。そう聞かれても、「そうですけど。それが何か？」となって終わってしまうのです。相手のメリットをそこに付け足すことで、下調べの効果は何倍にもなります。

きちんと会話のルール

相手にメリットがあるなら、学生時代の話をしてもＯＫ

22 アポ取りで信頼してもらえる人は、〝きちんと〟お願いしている

入社1年目に意識していただきたいのは、会ってもらうということは、相手の時間とお金を使ってもらっているという感覚です。面会時間を相手の時給で換算すると、いくらになるでしょうか？　学生時代と違い、ビジネスは利害関係で動いているわけですから、相手があなたに費やす時間もつねに考慮しなければなりません。

ですから、面会のアポを取るとき、曖昧な依頼の仕方は厳禁です。

たとえば、「お時間いいですか？」とか「ちょっとご挨拶に伺いたい」と言われるのは困ります。「用件は何？」と思いますし、「本当にご挨拶だけだったら結構です」とお断りしたくもなります。

アポを取りたいなら、「ちょっと話を聞いてもらえますか？」ではいけません。「相談があるのですが」もダメです。

「○○について相談したいので、話を聞いてほしい」と詳細を伝える必要があります。

また、「ちょっと」ではなく、「30分」「1時間」というように、はっきり数字で所要時間を伝える必要があります。

「ちょっと」と言われて、せいぜい30分のつもりで会いに行ったら、3時間もかかってしまった……そんなことになったなら、相手はその後の予定が全部狂ってしまいます。

あらかじめ時間を伝えておかず、相手の予想以上に時間がかかったなら、二度と会ってもらえなくなるかもしれません。

入社1年目の立場なら、アポの目的とかかる時間を明確に伝えて、面会をお願いする必要があります。

そこがきちんとできていないと、二度とアポは取れないと思ってください。

きちんと会話のルール

ビジネスで「ちょっと相談が……」は禁物

コラム
1

〝きちんと〟した社会人は業界のにおいがする

社会人としての〝きちんと〟は、みんな一緒ではありません。

銀行なら銀行の〝きちんと〟が、外資系なら外資系の〝きちんと〟があります。業界によって、会社によって、〝きちんと〟の基準は違います。

自分がどういうカテゴリーの社会人なのか、それを意識して振る舞う必要があります。

「うちの会社では」と言う前に、「うちの業界では」という業界の〝きちんと〟があるはずです。ですから、◯◯業界の〝きちんと〟を身にまとえばいいのです。

銀行なら、スーツ着用が当たり前です。マスコミなら、Tシャツでも構わないかもしれません。そこでの基準を知って同じようにすることが、業界人ぽさにつながるのです。

業界によって異なる〝きちんと〟を知るには、その業界の伝統を調べることです。上司や先輩を観察し、それでもわからなかったら質問しましょう。1年目には、それが許されます。

街なかで人間観察をしていると、同業者は何となくにおいでわかります。社会人1年目には、まだその業界のにおいはありません。そのにおいを付けていくのが、〝きちんと〟した社会人になるということです。

学生の頃は、常に○○大学というラベルが付いていたことでしょう。社会人になったなら、それをいち早く剝《は》いで、業界人のラベルに貼り替えるのです。

入社1年目は、過去のレッテルをいつまでも貼っていることが多いものです。そのような過去のにおいを出すのではなく、自分が将来なりたい姿のにおいを出すのです。

居酒屋で初めて会った人に、〝もしかして○○業界の人？〟と当てられるような人になりましょう。

第2章
きちんとした話し方②
結果を出す人は
話し上手よりも聞き上手

23 入社1年目の会話は「要約」がポイント

仕事で結果を出すには、初対面で「この人はきちんとしている」「まかせても安心」と信用してもらうことを目指しましょう。

そのためには、聞き役に徹すること。

自分から話題をつくろう、うまく話そうなどと考えなくていいということです。

特に、新しいネタを自分から話す必要はないのです。

では、何を話せばいいかというと、相手の話を聞いて、相手が話したことを要約して話せばいいのです。

相手から、自分の今の状況について何か言われたら、「つまり、それは△△がポイントですよね」というように要約するのです。

ここで実際に、要約文のサンプルを示しておきます。参考にしてください。

・相手の話

「じつはこの前、納めてもらった御社の商品なんだけど、かなり使いづらいところがあって、操作していてイライラするんだよね。○○の機能は確かに便利だし、新機能なんだろうけど、△△するときにエラーが出るし、時間がかかりすぎる。忙しいときにこの症状がでると、買い換える前のメーカーのほうがよかったんじゃないの？　いっそのこと返品しちゃえって、思ったりするんだけど」

・この話を要約して返事をすると――

「ご迷惑をおかけして申し訳ありません。○○の新機能は便利だけれども、△△のエラーが多く、時間がかかるのが問題ということですね？」

このように、相手の話を一度要約すると、「この人は、ちゃんと私の話を聞いているな」と思ってもらえます。

これはクレームのように、真剣さを示す必要がある場面では、特に大事なことです。

このような話のやり取りの積み重ねを経るからこそ、「また、この人に話してみようか」と、相手も思ってくれるのです。

ところが入社1年目にしがちなことは、就職面接の自己PRのように、「私、○○というのを考えたんですけど……」と、自分の意見を先に言ってしまうことです。

自分の意見は、求められてから言うこと。これが大切です。積極的に自分から話すことを求められる場面以外では、相手に先に話してもらって、それを要約するようにしましょう。

要約するのは、「きちんと話を聞いています」というアピールになるだけでなく、いいことがもう一つあります。

相手が話したことを繰り返すだけなので、日本語を間違わないということ。社会人になってまもない人が自分の言葉で話そうとすると、敬語や言葉遣いなど、何か間違ってしまう恐れがあります。しかし、相手の話したことを繰り返すだけなら、そんな心配はいらないですよね。

会話は、「最初の発言」「相づち」「言い換え」と、3パターンで成り立ちます。入社1年目が気を付けたいのは、「最初の発言」をしないこと。「相づち」と「言い換え」で、いろいろな会話をしましょう。

特に、「相づち」はワンパターンになりがちなので、いろいろなバリエーションを用意しておきましょう。いろいろな言葉のバリエーションがあるのが理想ですが、「はい」「ええ」くらいしか使えない人も多いでしょう。そんなときは、イントネーションや強弱をつけて使い分けるのです。

同じ「はい」でも、元気な「はいっ！」と、沈んだ声で「はい」と言うのでは、まったく印象が違ってきます。声の大小・強弱・速さ（ピッチ）・高低を意識すれば、いろいろなバリエーションをつくることができます。一つの会話の中でバリエーションを変えることで、〝きちんと〟聞いていると思ってもらえます。

くれぐれも、元気な「はい！」ばかりを連発しないようにしましょうね。

きちんと会話のルール

相づちのバリエーションを持つ

24 真剣さを相手に見せるには、相づちは1回にする

相づちを打つときに、気を付けたいことがあります。

それは、複数回の相づちを繰り返さないこと。

「はい、はい」と2回繰り返すと、バカにされていると相手が感じてしまう可能性があるからです。「はい」は1回だけです。

うなずくときも小刻みに複数回うなずくと、真剣さが足りない・軽い、と思われて損をしてしまいます。

特に、入社1年目の人たちは小刻みにうなずく傾向があるので、意識して直すようにしましょう。

テレビ番組でのインタビューを思い出してください。インタビューをしているアナウンサーは、相手が話している間、黙って相手の顔を見て、ゆっくりうなずいているはず

です。

相づちを打つときも、声がかぶらないようにしています。会話がかぶることを「クロストーク」と言いますが、これを避けるようにしているのです。そして必ず相手が話し終わってから、次の質問をします。

バラエティ番組のお笑い芸人はあえてクロストークを狙って使い、盛り上げる場合もあります。ただし、それは特殊な例です。クロストークは相手の話をさえぎるようなものなので、入社1年目は避けたほうがいいですね。

相づちは1回だけにする。うなずくときは1回だけ深くうなずく。

この二つのことを心がけてくださいね。

きちんとの会話のルール

二度、三度とうなずかない

25 キーボードを打ちながら話せば、話しグセを直せる

会話のなかでクセになってしまっている言葉や、使わないほうがいいのについ使ってしまっている言葉があるかもしれません。

といっても、言葉遣いや話し方のクセは、自分ではなかなかわからないものです。それでは、どうしたらいいでしょうか。

私がいつもお伝えしている方法は、**「自分の話していることをよく聞く」こと**です。自分の話していることは、当然「聞いている」と思うかもしれません。しかし、それは音として「聞こえている」だけで、きちんと聞いてはいないものです。

自分の話していることをしっかり聞くには、これからお伝えするトレーニングが効果的です。

名付けて「イメージ・タイピング」というトレーニングです。

まずは、パソコンのキーボードを頭に思い浮かべてください。そこに、自分の話していることを文字入力しながら話すのです。

そうすると、話し方はゆっくりになり、自分の話した一言一句がしっかりと聞こえてきます。

ここでご紹介した「イメージ・タイピング」を会話の最中に行うと、「あ、今『なるほど』って言ってしまった」とか、「何度も『はあ』しか言っていないな」など、自分の話しグセがよくわかるのです。

自分が話すほうだと大変ですが、相づち程度なら問題なくタイピングできるはずです。あるいは、スマートフォンで音声入力をしてみてください。あまりに早口で話すと認識されません。

音声入力のときは、一文を短く切りながらゆっくり話さないと正しく変換されません。音声入力で話したとおりに正しく文字変換される程度にゆっくりと話しながら、自分の話していることをしっかり聞きましょう。

話し方や言葉遣いのクセを把握できたなら、あとは常に会話の際に意識して直していけばいいのです。

きちんと会話のルール

クセを把握して直すために、自分の話していることをよく聞こう

26 周りを不快にさせる話しグセは強く自覚しないと直らない

自分の話しグセは、自分ではなかなかわからないものです。

仲がいい友達や恋人に、「私の話しグセって、どんなもの？」と聞いて、クセを指摘してもらいましょう。

普段からよく話している親しい相手は、あなたの話しグセを知っています。

たとえば、「『なるほど』ってよく言うよね」「何度もうなずくクセがあるよね」と。

日頃から気になっていても、あえて指摘しなかったことを教えてくれるかもしれません。

思いきって聞いてみましょう。

他人から見て気になる話しグセを直すには、まずは、「自分には話しグセがある」と強く自覚することです。自覚すれば、意識して直していくことができます。

逆に、自覚しなければ、当然ながら、いつまでたっても直らないでしょう。

私の場合は、「それで」と言うところを、つい「で」と言ってしまう話しグセがあります。これがクセだったことを、じつは最近まで知りませんでした。

恥ずかしながら、アナウンスの仕事をするようになっても気づきませんでした。講演をするようになって、自分の話を文字起こしした原稿を読んで初めて気づいたのです。

大なり小なり、誰にでも気になる話しグセはあるものです。

まずは、自分の話しグセを知ること。正しくは◯◯だけど、自分はこう言ってしまうクセあるなあと。それが、そのうち個性になったりします。

最もよくないのは、無自覚であることです。**話しグセを自覚して武器として使う場合と、クセになっていることすら知らない場合とでは大違いです。**

もし、あなたの話しグセのせいで、知らぬまに上司や同僚に不快感を与え続けていたとしたなら、その損害は計り知れません。なるべく早く直したいものです。

話しグセを指摘してもらうのは、ちょっと恥ずかしいかもしれませんが、思いきって聞いてみましょう。
指摘してもらった話しグセは、意識して直していくことです。

きちんと会話のルール

話しグセは誰にでもある。指摘してもらい直していこう

27 会話中にメモを取ろう！「きちんと聞いている」のアピールに

社会人にとっては、会話や会議中にメモを取ることは、最も重要と言っていい行動です。新聞やテレビの記者は、「取材手帳」という片手に入るメモ帳を持っています。取材中はボイスレコーダーで録音しながら、メモも取ります。

実際に原稿を書くときに、手書きのメモと録音した音声のどちらをより多く参考にするかというと、圧倒的に音声のほうです。

では、なぜ記者はメモを取るのでしょうか？

それは、「きちんと聞いていますよ」という態度を相手に示すためです。

たとえば、囲み取材（公式の記者会見ではない場所で、取材される側を記者団が取り囲んで行う取材のこと）で大臣が話しているとき、映像も音声もとっていたとしても、メモを取らずに聞いている記者はほとんどいません。ある意味、メモを取るのはパフォーマンスなのです。

だからこそ、メモを取ることは、社会人1年目にとって特に重要です。「しっかり聞いています」「きちんと覚えておきます」とアピールするのです。

最初の時点でメモを取っていなかった場合、話している途中で「メモをしていいですか？」と聞いてメモを取り出し、書きだすのも効果的なアピール方法です。相手の話を聞いていて価値があるからメモをしたくなった、と伝わるはずです。

また、**呼ばれて上司の机のそばへ行くときは、必ず紙とペンを持っていくようにしましょう。手ぶらで行くと、「指示が覚えられるのか？」と、上司に不安を与えるかもしれません。**

信頼してもらうためには、〝きちんと〟した話し方をすることに加えてメモを取ることで、相乗効果を得ることができます。

きちんと会話のルール

真剣にメモを取ることで、〝きちんと〟の相乗効果が得られる

28 おじぎが〝きちんと〟できる人は信頼される

おじぎは、「止まる」ところにきちんと感が出ます。

さっと頭を下げてすぐに体を起こしてしまうのは、いい加減なおじぎです。

①おじぎをするときは、頭を下げたらいったん止まること。
②止まって一息ついてから、体を起こすようにしましょう。

おじぎは頭を下げる動作を見せるというより、頭を下げてしっかりと止まったところを見せることで、ビジネスに通用するおじぎになります。


気を付けていただきたいのは、話しながらおじぎをしないこと。

必ず、言葉と動作を分けてください。

どうすればいいかというと、おじぎをしてから「ありがとうございます」と言葉を口にすることです。

●きちんと見える「おじぎ」の仕方は？

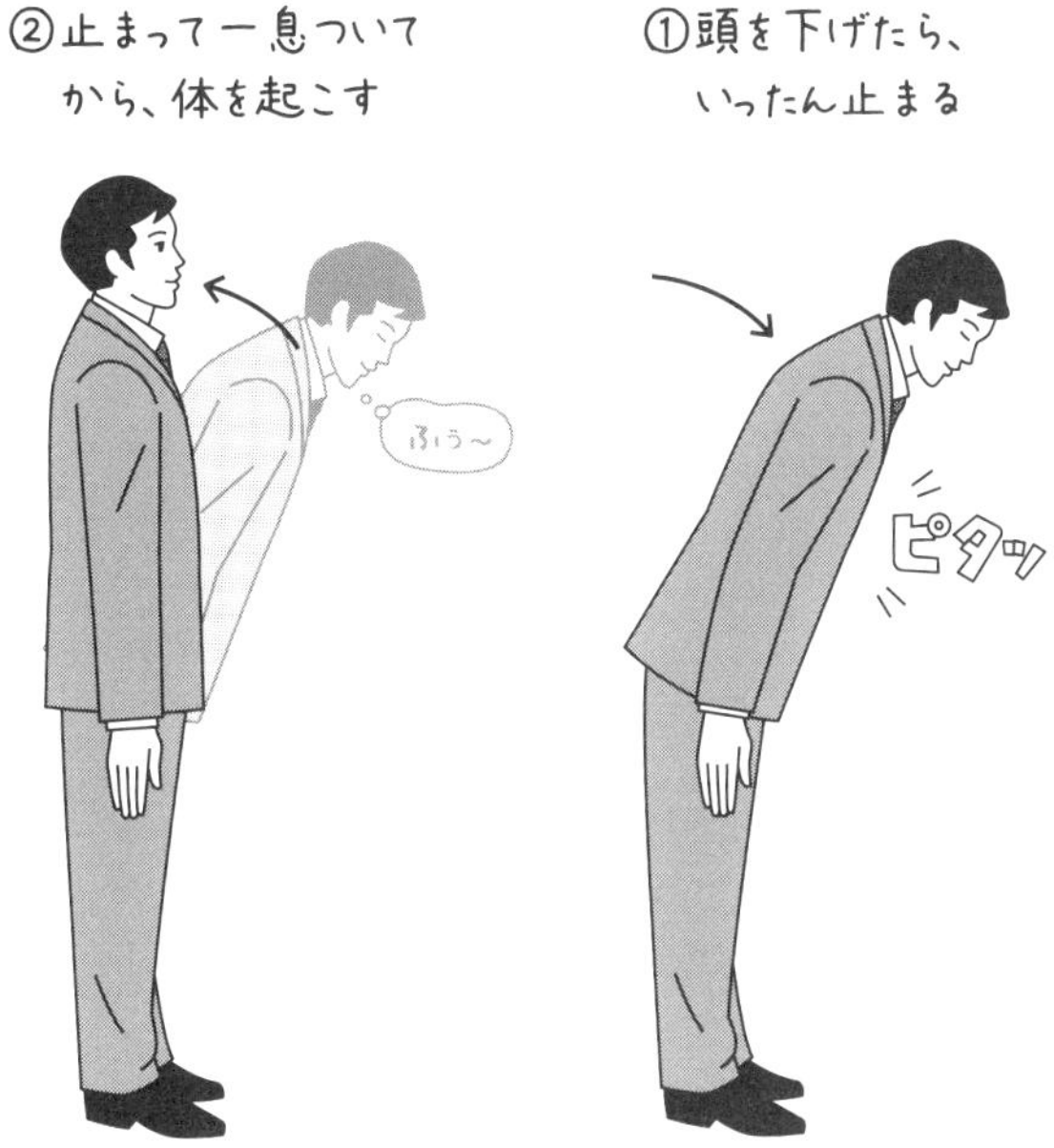
②止まって一息ついて
から、体を起こす
①頭を下げたら、
いったん止まる
ふぅ～
ピタッ

おじぎは頭を下げる動作よりも、頭をしっかりと下げて止まったところを見せます。それがビジネスで通用するおじぎの仕方。そしてまず、おじぎをしてから、「ありがとうございます」と言葉に出すのです。

この場合、動作が先で言葉があとです。なぜなら、「ありがとう」と心から思ったなら、言葉が出るよりも先に、体が動いているものだからです。

つまり、体を先に動かすと、本心で言っていると思ってもらえるのです。

マナーの研修では、これと逆のことを習うかもしれません。「ありがとうございます」と言ってからおじぎをしなさい、と。

接客業では、それは間違いではありません。本心を伝えるというよりも、お客様と一線を画して接客することが、接客業の〝きちんと〟だからです。

言葉が先か、おじぎが先か、それはどちらが正しいというより、使い分けることがポイントです。入社1年目は、おじぎが先で、言葉があと。頭を下げたらピタッと止める。そのことを意識してください。

そうすれば、好印象を与えながら、きちんと感を出すことができます。

きちんと会話のルール

おじぎは、動作ではなく止まり方で良しあしが決まる

29 「です」「ます」以外の敬語を使ってみましょう

若手社員にありがちなのが、「です」「ます」さえ付ければビジネス敬語になると思っていることです。

たとえば、「納得です」「感動です」というように。おそらく、友達と「感動だよね」「納得だよね」と話しているところを、上司に対しては、語尾を「です」に変えればいいと思っているのでしょう。

「です」「ます」は、「感動」「納得」などの名詞には付きません。それぞれ、「納得しました」「感動しました」が正しい言い方です。

よく使われる「了解です」という言葉も、おかしな使い方です。「了解」も名詞ですから、「です」「ます」は付きません。使うなら、「了解しました」「了解いたしました」となります。このような言い方であれば、敬語として問題はありません。

NHK放送文化研究所によりますと、これらの「名詞＋です・ます」の話し方は、2000年頃から民間放送局で使われ始めました。現在では、NHKのニュースでもしばしば使われていますが、狙った目的があるときのみです。それは、「聞き手にインパクトを与える」効果です。

いつもいつも「です」「ます」ばかり使わずに、インパクトを与えたい場合にのみ「名詞＋です・ます」を使いましょう。

きちんと会話のルール

〃きちんと〃した敬語では「名詞＋です・ます」は使わない

●こんな言葉に言い換えて、印象のいい人になりましょう！

✕感動です

○感動しました

✕納得です

○納得しました

✕報告です

○報告します

✕了解です

○了解しました

✕なるほどですね

○おっしゃるとおりです

30 「98個が納品されました」「進捗率は98%です」と数字を入れる

上司に対して報告するとき、基本中の基本と言ってもいいほど重要なことがあります。それは、**数字や固有名詞をきちんと入れて報告する**ことです。

たとえば、商品100個の注文に対して「98個が納品されました」「進捗率は98%です」など数字で伝えるのは重要なことです。

数字や固有名詞を正確に覚えるといった努力は、必要ありません。「覚えているよ」というすごさをアピールする必要もありません。正確さの要求される数字や固有名詞は、必ずメモに書き留め、それを見ながら報告しましょう。同じ数字であっても、メモを確認しながらの数字なのか、暗記した数字なのかで、その報告の正確さが左右されます。

ということは、常にメモ帳を持ち歩く必要があるということです。ちなみに私はシステム手帳のスケジュール帳の後ろにメモ帳をさし込んで使っています。そうすることで、メモも取ることができ、会話の途中でスケジュールを確認する必要があっても焦ることなく会話を進められます。試してみてください。

報告するとき、もう一つ重要なのは、必ず1次情報で報告すること。1次情報とは、あなた自身が直接見たり聞いたりした情報のことを言います。2次情報とは、第3者を介して得た情報のことを言います。「テレビで見たんですが」「雑誌に書いてあったんですが」などという漠然とした2次情報では不十分です。「〇〇の現場に行って（私が）見たのですが」「〇〇会社に伺って（私が）聞いたのですが」と、詳しい情報源を明らかにし、1次情報にして報告することです。

2次情報だけの会話は、社会人としてレベルが低いと知りましょう。

きちんと会話のルール

数字や固有名詞を正しくメモし、1次情報で報告を

31「なるほど」「了解しました」は、上から目線の言葉です

社会人として、使わないほうがいい言葉がいくつかあります。

まず、「なるほど」「了解しました」。これらの言葉は、目上の人から目下の人に対して使う言葉なので、入社1年目は使わないほうがいいでしょう。

「ご苦労さま」というのも、目下に対して使う言葉です。「お疲れさま」を使いましょう（P40・3大タブー言葉参照）。

そのような、目上・目下といった立ち位置が言葉自体に含まれていることがあるので、それを知っておくことが大切です。

「とりあえず」もタブー言葉です。上司から書類をまとめろと言われて、「とりあえず、まとめました」と返事をしてしまう。そうすると、やっつけ仕事のような、間に合わせでやっているようにとられかねません。「一応」「とり急ぎ」といった言葉も同じです。

●こんな言葉に言い換えて、印象のいい人になりましょう！

×なるほど・了解しました

○使わない

×ご苦労さまでした

○お疲れさまでした

×とりあえず、一応、とり急ぎ

○使わない

×今からやるところです

○5時までに提出します

×もっと具体的にお願いします

○使わない

×おわかりいただけたでしょうか

○ご理解いただけたでしょうか

これらの言葉は極力、使わないようにしましょう。
また、上司から「あの書類はまだ？」と急《せ》かされたとき、「今からやるところです」と言うのも避けたい言い方です。「まだ？」と聞かれるということは、「遅い」と言われているのと同じです。「△時までに提出します」というように、具体的に期限を決めて返事をしましょう。

きちんとした会話のルール

きちんとした人は、「とりあえず」のようなタブー言葉は使わない

32 生意気だと思われないように、会話をさえぎらない

相手がまだ話している最中に、「それは、わかっています」「それは、知っています」と言って話をさえぎる人がいます。

わかっていること、知っていることであっても、相手の話はさえぎらずに聞くこと。話をさえぎられると、誰でも不快に思うものです。

上司から、同じことを何度も繰り返し言われたりすると、話の途中で結論がわかることもあるでしょう。そんなときは、「それはもう聞きました」とか、「それなら知っています」と言いたくなるかもしれません。

ですが、そこはぐっと我慢して、さえぎらずに最後まで聞くこと。

話をさえぎると、生意気だと思われたり、待てない人間だと思われて、いいことはありません。

ニュースでキャスター同士が話すときは、決して相手の話をさえぎりません。台本があるのでさえぎらないで話せるということもありますが、台本のないインタビューでも、基本的に相手の話をさえぎりません。

ただし、さえぎらないというのは、言葉でさえぎらないだけで、そろそろ話すのをやめてほしいときは、言葉ではなく態度で伝えます。たとえば、話を聞いているときに目を合わせなくする、メモを取るのをやめる、話に無反応になるといった態度をとり、「そろそろやめてほしい」ということを全身で訴えます。つまり、「話を聞いています」という態度の逆をすれば、相手の話は終わってくれるのです。

とはいっても、あまり極端にやると相手に対して失礼です。目を泳がせる、そわそわするなど、さりげなく失礼にならない程度にしてください。

きちんと会話のルール

相手の話をさえぎらないことだけでも評価が上がる

33 時計はチラ見ではなく、しっかり見ると好印象に変わる

話している最中に時計を見ると、早く終えてほしいのかと思われて印象が悪くなるので見ないようにする――というビジネスマナーを聞いたことがあるかもしれません。

たしかに、会話の最中に相手が腕時計をチラっと見ていたら、気になるでしょう。

どうしても時間が気になるなら、相手の腕時計を見るという方法があります。それなら、相手に気づかれずに時間を知ることができます。ですが、相手が腕時計をしていなかったら？　自分の腕時計を見るしかないですよね。

自分の腕時計を見るときは、チラ見をしないで、むしろしっかりと見たほうが印象はよくなります。**時計をさりげなく見ようとしている姿は、相手からは、気がそれているように見えてしまう**からです。

時計を見るときは、顔を下げるのではなく、腕を上げてしっかりと見るようにしまし

ょう。

時計を見ることが失礼になる相手であれば、あらかじめ目線の縦のラインに時計を置いておくという手があります。

ニュース番組のスタジオでは、キャスター正面のカメラと手元の原稿の間、つまり目線の縦のラインに時計を置いています。

時計が上や横にあったなら、時計を見ようとしたときに目が泳いでしまいます。目線のラインに時計があれば、時計が自然に目に入るので、目が泳ぐことはありません。

腕時計なら、外してメモの横に置くとか、目線を大きく動かさずに自然に見える位置に置くようにしましょう。

きちんと会話のルール

時計はしっかり見るか、目線の縦ラインに置きましょう

34 目力を強くする「とっておきのワザ」は、相手の後ろに焦点を合わせる

目力が強い人からは、やる気と本気を感じます。相手の顔をしっかりと見て話すことは重要。しかしこのとき、相手の顔に焦点を合わせると、目力は弱くなってしまいます。

選挙対策でのスピーチコンサルティングでは、演説のトレーニングを行います。まだ議員経験のない初めて立候補する人には、特に目力の強さが重要なポイントです。初出馬ですから実績はありませんが、目力が強ければ、「意外と、この人ならやるかもしれない」と思ってもらえるからです。

逆に、目力が弱いと、「この新人は大丈夫だろうか？」「経験が浅すぎないか？」と思われてしまう可能性もあります。

強い目力で「本気」を訴えるためには、焦点を聴衆の後ろに合わせるトレーニングが

有効です。たとえば、支援者が集まって決起集会をするとき。会場の一番後ろにいる人を見て、スピーチをしてもらいます。

新人という意味では、社会人1年目は初めて立候補する候補者と同じです。

本気の度合いを伝えるには、とにかく目力を強くすること。そうすると、「こいつなら、やってくれるかもしれない」と周りが期待してくれるようになります。

たとえば、**プレゼンのとき、強い目力を出すには、誰かに部屋の後ろの遠いところに立ってもらいましょう。その人を見ながら話すと効果的です。**

話を聞くときは相手の顔を見るのではなく、相手の後ろに焦点を合わせるようにして見てください。

会議室なら、相手の頭の後ろの壁に焦点を合わせます。視線を、相手を通り越した後ろに向けるようにするのです。

これをすると、一点に焦点を合わせているので、目力が強くなります。

目力が強いと、自分の話に説得力を増すことができます。

また、相手の話を聞くときは、真剣に聞いているように見えます。

相手に、できる人と思わせる視線の使い方と言えるでしょう。

きちんと会話のルール

焦点を相手の後ろに合わせると、できる人と思われる

35「目を合わせる」のが苦手なら、相手のまつ毛を探そう

話すときに相手の目を見ることは、基本中の基本です。

「話すときは、相手を見てください」とお伝えしても、ただ見ているだけの人がほとんどです。

見ているというより、ただ相手のほうを向いているだけという印象です。

なぜならば、**「目力」が足りない**からです。

話すときは、しっかりと目を合わせる。口だけでなく、目にも語らせる。しかし、それができる人は、ほんのわずかです。

そこで、「話すときは、相手のまつ毛を探してください」と、お伝えするようにしています。

〝見る〟のではなく、〝探す〟。

何かを探すときは、人は答えが見つかるまでしっかりと見て探すものです。探しているときの目力は、相当強い。相手の目の奥まで刺さるようなアイコンタクトを送ることができます。

この強い目力で話す人からは、やる気と熱意を感じます。そんな新人には、上司も仕事を任せてみようかと思うはずです。

きちんと会話のルール

目力を強くするには、相手のまつ毛を探す

36 名刺交換の「正解」は、先に出す・低く出す・相手の目を見つづける

名刺交換で相手に強く印象づけるには、先手を打つことが必要。

先手を打つとは、先に相手の目を見るということです。名刺交換をするときは、たいてい、お互いの名刺を見ているため、相手と目が合わないことが多いもの。

だから、名刺から目を上げたとき、相手がこちらを見ていたら、ドキッとしませんか。

つまり、そこで目力の強さをアピールできるのです。

基本的な名刺交換の方法は、目下あるいは訪問者のほうから先に名刺を出します。名刺を片手で持ち、もう片方の手を添えながら、相手に正面を向けて差し出します。このとき、「○○会社の山田と申します。よろしくお願いいたします。××という部署で△△をしております」というように名乗ります。相手が差し出した名刺の高さよりも低い位置で差し出し、謙虚さを表します。同時に名刺を差し出している場合は、お互い右手で差し出し、左手で受け取ります。

●名刺交換では、相手の目を見て熱意を示そう

名刺を渡すとき、相手から目をそらさないことです。初めての面談のときに視線を合わせて、あなたの目力を相手に印象づけてください。それだけであたなの本気度・やる気が、相手の心の中に残るのです。

きちんと会話のルール

名刺交換では先手を打ち、相手の目を見ておく

一般的に名刺交換をするときは、名乗り終わったあたりでお互い目を合わせます。入社1年目なら、名刺を同時に交換するよりも、自分から先に渡す機会のほうが多いでしょう。そのときは**名刺を渡しながら、「このたび入社しました◯◯と申します。よろしくお願いします」と言いながら、ずっと相手の目を見つづけて待っていてほしい**のです。相手は、名刺を見たあとに必ず顔を上げるので、そのときにしっかりと目を合わせます。いったん目を合わせたなら、視線を外して構いません。

政治家や上場企業の経営幹部にお会いして、私がこの方法で名刺をお渡しすると、たいてい、私が見ているのと同時に相手も同じように、私の目を見ています。そのとき一瞬、自分の能力を読み取られているような緊張感が走ります。

彼らは名刺交換の際に、相手のやる気や熱意を測っているのでしょう。

37 間《ま》は7秒。「3分の1と3倍の法則」で話を強調しよう

話していて強調したい部分があったら、黙って間《ま》をおくと効果的です。

どれくらいの間をおくのが最もよいかというと、7秒間です。


「3分の1と3倍の法則」と私が呼んでいるものがあります。

これはどんな法則かというと、話している人にとっては、黙っている〝間《ま》〟の時間は実際より3倍の長さに長く感じ、聞いている人にとっては3分の1に短く感じられるというものです。


たとえば5秒間黙っていると、話し手にとっては15秒以上黙っているように感じますが、聞き手にとってはほんの2、3秒にしか感じません。

間《ま》をおくのは、本来は一息、ワンブレス2、3秒がちょうどいいのですが、話してい

る本人にとっては7秒くらいを意識しないと、ワンブレスになりません。

そこで、7秒の間《ま》をおきましょう。

間《ま》は、話しているフレーズの途中でも構わないので、強調したいときにとるようにします。

「ここだけの話ですが、（間《ま》）**今日決めていただければ、**（間《ま》）半額にいたします」というように、強調したい言葉の前後に、間をおくのです。

文の途中でも構いませんので、グッと黙ってみることが重要です。

私は、文の途中で黙ることを、「テンで黙る」と言っています。句読点の句点であるマル（。）ではなく、読点であるテン（、）で黙りましょうということです。そうすると、間《ま》のあとの言葉が強調されます。

きちんと会話のルール

強調したいときは、テンで7秒間黙ると効果的

38 「ずっと」を使って表現すれば、周りから応援される

若手の社員が、「このプロジェクトに入りたい」とか、「将来、この部署に行きたい」といった自分の希望を言うと、自己中心的でわがままに聞こえることもあります。それを、わがままに聞こえないように言う方法がいくつかあります。

その一つは、「ずっと」という単語を使って表現する方法です。「私はずっとこう思ってきた、してきた」と話すのです。

たとえば、「子どもの頃からずっと夢だった」「高校生の頃からずっとこういう勉強をしてきた」「入社して以来、ずっとこうしている」など、過去からの継続で表現するのです。

「ずっと」という言葉を使って上手に表現できれば、単なる一過性の気まぐれなわがままと取られることはありません。

「ずっと」が言える人は、周りから応援されます。

「この部署に一人空きができたけど、そういえばあの新人が希望していたな」と思い出してもらい、希望を叶えてもらいやすくなるのです。

与えられた役割や仕事を、すぐに辞めてしまう人がいます。それでも、辞めたいと思ったときに、周囲を説得できればいいのです。「ずっと考えて悩んできたけれど、やはり辞めるしかない」と「ずっと」を表現できれば、納得してもらえます。

もし、自分の中に「ずっと」と言えるものがないなら、それは単なるわがままかもしれません。自分には「ずっと」と言えるほどの思いがあるか？

いま一度、自問自答してみましょう。

きちんと会話のルール

熱意を伝えるには「ずっと」を使う

39 会社の未来や歴史を語れる人は、評価が高い

〝できる人だ〟と高く評価してもらうには、愛社精神を示すことです。特に、自社のストーリーを上司や社外の人に話すことができれば、最強です。

たとえば、「うちの会社は、以前はこうだったそうですね」と上司に話すことができれば、上司も喜んで、自分の知っている会社の歴史や起こった出来事についてさらに教えてくれるでしょう。

「10年前にこんなことがあって、今はこうで、来年度からの5か年計画はこうなっていますよね。うちの会社は、10年後、どこを目指しているんですか？」というような質問をすると、「よく勉強しているな」と感心されます。会社のこれからについて、上司は喜んで話してくれるはずです。

その情報には、他の新人は知らないレアな話が含まれていることもあります。このような上司の話は、同期から一歩秀でることのできる宝の山です。

社外でも、自社のことを語りましょう。なかには、社名を尋ねられたときにははっきりと言わない人がいます。「メーカー勤務です」「新宿のほうで働いています」というように、業界や住所を答えるだけでごまかしてしまう人も。

もちろん、警察の取り調べではないので、どこでも社名を言わなければいけないわけではありません。しかし、差し支えない場面では会社名を堂々と名乗ることで、会社を代表して話している感が出て信頼されます。

自社について語るには、自社について調べる必要があります。「設立年」「売上高」「従業員数」。最低でも、この3つは確実に言えるようにしておきたいものです。

きちんと会話のルール

「設立年」「売上高」「従業員数」は押さえておく

40 話は、「最後の言葉」を大切にしよう

日本語は、最後に言った言葉が強調されます。特に、二つの文を重ねるときは、後ろにくる文が強調されます。

ＮＨＫでニュースを担当していた頃、番組の中で画面の文字表記に間違いがあったときに「お詫びして訂正いたします」と言ったことがありました。

新人研修で習ったマニュアルにそのように書いてあったので、私は習ったとおり、そのまま読みました。

しかし、放送終了後に、「なぜ、『お詫びして訂正します』と言ったのか？」と先輩から質問されました。

私は、「マニュアルにあったからです」と答えたのですが、「言葉の順番を考えろ」と教わりました。

「お詫びして訂正」と「訂正してお詫び」は、似ているようで違います。

どちらを強調するかが違うのです。

それ以来、私は、重大ミスの場合は「訂正してお詫び」を使い、一般的なミスの場合は、「お詫びして訂正」を使っています。

おそらく入社1年目は、「訂正してお詫び」を使うほうが多くなるでしょう。

たとえば、報告していたことが間違っていて訂正するとき、「**申し訳ありません。**先ほどの◯◯は、△△でした」と言う場合と、「先ほどの◯◯は、△△でした。**申し訳ありません**」と言うのとでは、ニュアンスが変わります。

いずれにしろ、間違ってしまったなら、素直に謝ることが重要です。

訂正内容を強調したいなら「申し訳ありません」を先に、申し訳ないという気持ちを強調したいなら「申し訳ありません」をあとにしましょう。

お詫びの言葉を最初に言うか最後に言うかで、受け取る側の印象も変わってきますから、そこを意識して使い分けてください。

きちんと会話のルール

「お詫びして訂正」と「訂正してお詫び」は違う

41 反応のよい話をノートに書き留め、再利用しよう

入社1年目は、実験の連続です。話したことに対して、思わぬ反応がある場合も多いでしょう。

話したことに対しての相手の反応は、ノートに書き留めておくことをお勧めします。**相手からほめられた表現や受けのよかった表現、その逆に、あまり受けなかった表現など、反応別に書き留めておきましょう。**

自分ではつまらない話だと思ってもリアクションが良かったり、逆に、面白い話だと思ってもリアクションが薄かったりといったことは、よくあることです。

反応のよかった話をノートに書き留めておき、また使うようにすれば、企画やアイデアを通したいときや、上司や先輩・同僚とのコミュニケーションを円滑にしたいときに役に立ちます。

日常的に心がけてほしいのは、目上の人と話すことです。親や近所の方、上司でも誰でも構いません。話のネタや日常会話を聞いてもらって、指摘してもらうことも重要です。

そのために、「私は今、敬語や言葉遣いを勉強しようと思っています。おかしなところは指摘してもらえますか？」と前もって言っておきましょう。車の初心者マークのように、「話し方若葉マーク」であることを、周りに言ってしまうのです。

そうしておくと、周囲は遠慮なく間違いを指摘してくれます。

指摘してもらったことも、必ずノートに書き留めるようにしましょう。

きちんと会話のルール

間違いを指摘してもらい、直すためにノートに書き留めよう

コラム 2

〝きちんと〟して見える人は、左右対称

入社1年目には、話す機会はほとんど与えられません。

そうすると、話す内容や敬語が〝きちんと〟しているよりも、言葉以外の部分で視覚情報が〝きちんと〟していることが重要になってきます。

つまり、見た目がきちんとしている必要があります。

きちんとした見た目とは、スーツのボタンがしまっているとか、ネクタイが曲がっていないとか、当たり前の些細なことができていることです。

最も重要なのは、左右対称であること。

休めの姿勢で片足に重心を置いて立っていたり、気をつけの姿勢のつもりで立っていても片方の肩が落ちていたり、左右非対称になっていることがあります。

そうなると、何となくだらしない印象になります。また、揺れていたり動いてい

るのも、印象がよくありません。

きちんとして見えるには、安いもので構わないので、自分の体に合ったスーツを着ること。仕立てる必要はありませんし、上等なものである必要もありません。ただし、男女問わず肩が合っているスーツを着るようにしてください。

スーツを着慣れていないと、Tシャツやジーンズのような楽な着心地を求めて大きめのサイズを買ってしまったりします。そうすると肩がずれてしまって、左右非対称になり、だらしなく見えます。サイズの合わないイタリアの高級ブランドスーツより、サイズの合う日本製の量産ブランドのスーツのほうが、ずっときちんとして、格好がよく見えます。

肩のサイズの合ったスーツを買うことと、男性はネクタイの結び方を練習すること。

ポイントは、左右対称です。服装も姿勢も左右対称を意識することで、きちんと感がアップします。

第3章
きちんとした話し方③
〝信頼感のある〟伝え方を覚えよう

42
事実のみを話すことで信頼される

心がけたいのは、事実のみを話すことです。

事実と推測、事実と感情を分けて、事実のみを話すのです。

先輩が何かを教えてくれても、「ヤバいっすよね」しか言わない人。この言い方は、まず言葉遣いそのものにも問題があります。加えて、感情しか表していないことが問題です。そこには事実は存在しません。

では、どうしたらいいかというと、「今、教えていただいたことは、私は知りませんでした」とか、「今、聞いたことは初耳です」という事実のみを話すのです。

学生のときは、感情だけ表現していれば問題なかったかもしれません。「これ、どう思う？」「いいんじゃない」「ヤバいよ」というように。

社会人になると、事実を形にして残していくことが求められます。

たとえば、「やる気が出ました」と口に出して言っても、モチベーションは目に見えないものです。行動として目に見えなければないのと同じ、と相手にとられるのがビジネス社会です。

つまり、「やる気が出ました」というのは、毎日、始業時刻ぎりぎりに出社していた人が1時間前に出社して仕事を始めるようになったという行動が見えれば、「本当にやる気が出たんだな」ということになります。

「がんばります。やる気が出ました」と言うのではなく、**「がんばります。明日から1時間早く出社するようにします」と言うのです。**そうすると、感情ではなく事実になります。

まずやるべきことは、今、自分が話していることが事実＝目に見える行動なのか、感情＝目に見えない気持ちなのか、それを仕分けする作業です。この作業をしてみると、自分が感情ばかりを口にしているのがわかって、驚くことでしょう。

社会人にとっての基本スキルは、目に見えることをきちんと形に残していくことです。

事実と感情を分け、事実のみを話そう

きちんと会話のルール

信頼される話し方の社会人1年目バージョンとは、事実のみを正しい日本語で話す、事実と感情を分けるというのが、基本中の基本です。

×「それ、ヤバいっすよね」
↓
○「今、教えていただいたことは、私は知りませんでした」
↓
○「今、聞いたことは初耳です」

×「やる気が出ました」
↓
○「明日から1時間早く出社するようにします」

43 自分の業界の話し方をマネをしながら学び取る

入社1年目でやるべきことは、正しい日本語を使えるようになること。

正しい話し方を知った上で、状況に応じて崩して話すのは問題ありません。しかし、最初から崩した話し方しかできないのであれば、社会人として問題があります。

正しい日本語といっても、国語として文法的に正しいかどうかということではなく、勤務している会社や所属しているコミュニティで正しいとされる日本語ということです。つまり、その業界で使われている言葉遣いをしましょうということです。国語的・文法的に正しくないといけないとか、アナウンサーのようにきちんと話さなければいけないというわけではありません。

社内で正しい日本語を使えるようになるには、お手本を見つけることです。文法上、正しくなくてもいいので、身の回りの人にお手本を見つけて、その人の話し方をマネす

です。

るのです。

お手本にするのは、自分のいる部署の先輩できちんと話す人や、直属の上司がお勧めです。

可能なら、「私は先輩のマネをします」「部長の話し方をお手本にします」というように、マネすることを宣言してしまいましょう。

お手本になる人たちをこっそりマネするのではなく、そこは入社1年目の特権、「わかりません。教えてください」を使っていいのです。

入社5年目になってしまったら、もうその特権は使えませんから、1年目から周囲に宣言してマネするようにしましょう。

「敬語とか言葉遣いとか苦手なので、不安なんですよ。ですから部長の言葉をマネさせてもらいます」と言えば、部長自身も言葉遣いに気を付け、正しい言葉で話そうと意識してくれるでしょう。

所属する会社やコミュニティでの正しい日本語を、自分で一から調べて使えるようになるには、大変な労力が必要です。それよりも、マネしてしまったほうが手っ取り早く学ぶことができます。

きちんと会話のルール

身近な人をお手本にして、手っ取り早く慣れよう

44「営業マンなのに、経営にも詳しい」が評価される

ビジネスにおいて、相手からいい評価を受ける話し方とは、面白い話ができるとか、上手に話せるということではありません。

「この人は、仕事のできる人だ」と思ってもらえる話し方のことを言います。

そう思ってもらうには、相手の期待に応えることです。そのためには、肩書にふさわしい言動が求められます。

ビジネス上で誰かに会うときは、人は肩書で会うものです。○○社の営業部長に会うとか、営業部の新入社員に会うとか。

「○○社の人なら、これくらいできるだろう」「営業マンなら、これくらいできるはず」とか、会う人は、その人の経験則で予測を立てます。肩書への期待です。そしてその予測を上回ることができれば、「この人は、仕事ができる人だ」となるのです。

これは一つの例ですが、**「営業マンなのに、経営にも詳しい」ということになれば、**

良い評価を得られます。

それには、これから会う人に自分がどういう肩書で認識されているのかを知ってから、その人と会うことが重要です。「〇〇社の新入社員が来る」とだけ思われているのか、出身大学を知られているのかで、対応は変わってきます。

たとえば、取引先の社長のところに挨拶に行くとしましょう。その社長が同じ大学の卒業生だった場合、「私と同じ〇〇大学卒業のくせに、こんなことも知らないのか」と期待を裏切れば、評価が下がってしまうということです。

「名刺交換、ちゃんとできるかな」「〇〇社の社長に会うんだ、緊張するな」などと自分のことしか考えていないと、自分を冷静に客観視することができなくなります。それでは、良い評価をもらうのは難しくなります。その社長から見て、自分はどのカテゴリーにいるのかを俯瞰し、分析してみることで、相手の期待レベルがわかります。

きちんと会話のルール

入社1年目は、相手の期待レベルを裏切らない行動を取る

45 自己暗示で、なりたい自分になる

なりたい自分になるには、言葉の力を使いこなすことが重要です。マンガの『ワンピース』では、ルフィが「〝海賊王〟に！！！おれはなるっ！！！！」と宣言する言葉が有名です。

この言葉には、二つの大きな特徴があります。

一つ目は、「なりたい」という願望ではなく、「なる」と断言していることです。「なりたい」という表現は、夢を見ている状態です。

3年後も5年後も、もしかしたら10年、20年後も、「なりたい」と言っているのです。ずっと「なりたい自分」から成長していません。やがて「なりたい」は過去形になり、「なりたかった」という六十代になってしまったりするのです。

そうではなく、「自分は絶対に独立して経営者になる」と言っていると、いつか本当に「なった」という過去形になるのです。

ですから、断言したほうがいいのです。

これが、いわゆるアファメーションです。もう一つ特徴的なのは、「おれは海賊王になる」ではなく「海賊王におれはなる」という倒置法の一種を使っていることです。

一般的に、日本語には結論が最後に来るという特徴があります。さらに、文末は強調されて印象に残ります。このセリフは「なる」が強調されているのです。他の誰でもなく、このおれがなるのだという強調の言葉です。「なる」しかない方向へ自己暗示をかけることができるのです。

さらに強力に自己暗示をかけるには、言葉に加えて視覚を使います。

毎日、鏡を見ながらアファメーションの言葉を言うのがお勧めです。

たとえば、朝、洗面所で歯を磨きながら、「〇〇におれはなる」と、鏡の中の自分に向けて自分の目を見ながら、言うのです。

きちんと会話のルール

鏡で自分の目を見てアファメーションをする

46 若い人ほどビッグマウスでいよう

大きな夢を語る特権が、入社1年目にはあります。

たとえ「青くさい」と言われそうな大きな夢でも、構いません。

管理職になって夢のようなことを語っていたら現実認識力がない人と言われてしまいかねませんが、入社1年目なら、人が笑うような大きな夢でも公言することが許される若さがあります。

私は上場企業幹部に株主総会でのスピーチトレーニングをする際に、「公言できないなら、その数字目標を達成できると、あなた自身が信じていないのでは」とよく問います。

人に言えるということは、イコール、自分の可能性を信じることができていることなのです。

他の誰が否定しても、自分だけは自分のことを信じるのが若さです。

若手だからこそ、その会社でどういう役職に就きたいのか、どういう仕事をしたいのか、その結果、社会をどのように変えていきたいのかという大きな夢を、公言してほしいのです。

人に言えるか言えないかというのは、リトマス試験紙のようなものです。

夢を人に言うのは恥ずかしいと思ったなら、なぜ恥ずかしいのかと、追求してみてください。

たとえば、海外支社に勤務したいと思っていても人に言えないなら、それはなぜなのかを考えてみてください。

言えないのは、心底なれると思っていない、つまり、自信がないということです。

その自信のなさは、どこから来るのかを分析してみてください。

「英語がしゃべれないとダメだから」と思ったなら、英語の勉強をがんばればいいだけです。

「同期のA君のほうが適任だから」と思ったなら、A君を超える努力をし、A君以上の熱意を示すだけです。

「青くさい」と言われてもいいので、やりたいことを周りに公言してください。そこから大きな夢が叶っていくのです。

きちんと会話のルール

大きな夢を語れるのは、入社1年目の特権です

47 利口ぶるより「バカ」をアピールしよう

NHKの採用試験のときの話です。

実際に働いている職員はみな優秀な人たちばかりでした。東大、京大など有名大学卒は当たり前。それどころか、ハーバード大学だ、バイリンガルだという世界です。

そのような優秀な人たちのなかで、私の商品価値は何だろうと考えました。

私は偏差値40台の地方の女子大の出身です。私の強みは「バカ」なことだと思ったのです。それをアピールすることにしました。

面接で「どんな番組を作りたいですか？」と聞かれたときのことです。

試験を受けたのは、池上彰さんの『こどもニュース』が始まった翌年でした。そこでこう言ったのです。

「私には、NHKのニュースは難しくてわからない。専門用語も多くて理解できない。しかし、池上さんの『こどもニュース』なら理解できる。私がわかるなら、お茶の間の人はきっとみんながわかる。だから、私は自分がわかるニュース、『こどもニュース』のような番組を作りたい」と。

テレビを見ている人は、どんなに賢い人でも、テレビの前に正座して、集中して見ているわけではありません。家事をしながら、食事をしながらなど、ながらで見聞きしている人がほとんどのはずです。

そのようなときは集中力が欠けている状態なので、それでもわかりやすい言葉を使い、わかりやすい表現やVTRを使い、わかりやすいニュースを作りたい、と言ったのです。

それで採用してもらえたのではないかと思っています。

わからないことがあるなら、わかったふりをしないことです。入社1年目なら、むしろ、わからないことをアピールして構いません。それもまた、入社1年目の特権です。

きちんと会話のルール

わからないことをアピールするのは恥でも何でもない

48 「質問」は「確認」に変えて聞くことで、できる人と思われる

辞書を引き参考資料を見ればわかることは自分で調べる必要がありますが、それでもわからないことは聞く勇気を持ちましょう。

入社1年目は、聞く人を見つけることを意識してください。聞きたいことについて詳しくて、喜んで教えてくれる人を見つけましょう。

心がけているのは、「打ち合わせ」と言われる時間のなかですべて聞くこと。企業幹部の方々向けの事前打ち合わせの場合、たいてい本人は出席しません。秘書や部長クラスの人と打ち合わせます。必ず、その打ち合わせ場所で質問するようにしています。ただし、何も調べずにゼロから聞いては「大丈夫かな」と不安に思われてしまうので、必ず下調べをして行きます。

質問するときは、知らなくても当然のことと、知っていて当然のことをセットで聞く

ようにしています。つまり、「質問」ではなく「確認」するのです。

基本的なことを調べた上で、「私はここまで理解していますが、これで合っていますか？」と尋ねます。間違っていた場合は、「うちでは違うしきたりがあって……」というように、教えてもらえます。

ゼロからの質問と、確認とは別物です。

質問は、確認の形に変えて聞くことをお勧めします。

また、自分で調べる努力をした上で、見栄をはらずに「教えてください」と聞く勇気を持つこと。

「こいつ、バカだな」と思われても許されるのは、入社1年目だけです。

「ここまでは調べたのですが、ここからがわかりません。教えてください」と聞くことです。

若い世代の人たちは、何でもインターネットで調べ、質問もインターネットの掲示板を使う傾向があります。それも一つの調べ方ではありますが、どれくらいの信頼性・信ぴょう性があるかは疑問です。

それよりは、すぐ横にいる先輩や上司に聞く勇気を持ってほしいのです。

きちんと会話のルール

知らないことは、素直に「教えてください」と聞く

入社1年目なら、知らないことがたくさんあって当然です。

こっそり調べて見栄をはって知っているふりをするよりは、「知りません。教えてください」と言う勇気を持ちましょう。

ただし、一度聞いたことを何度も聞くと、「使えない人だ」と思われてしまいますから、それだけは気を付けるようにしましょう。

49 「業務用ノート」を作れば、できない人と思われない

先輩や上司に何を学べばいいかを聞くことは大切です。

自分に足りない知識は何なのかを認識し、そこから足りない知識を補う努力をしていく必要があります。

それには、それぞれの仕事に対応した自分専用の「業務用ノート」を作るのが効果的です。

私の場合、アナウンスは言葉を扱う仕事なので「言葉ノート」を作りました。それとは別に、ＶＴＲの編集作業をするための編集機の扱い方をまとめた「操作ノート」も作っていました。こちらは、手書きのイラスト入りです。

このように、**社内で使う特殊な用語や業界専門用語についてのノートや、業務上必要な情報を書いた「業務用ノート」を作るようにしましょう。**

調べたことや、上司や先輩に聞いて知ったことは、「業務用ノート」に記していきましょう。

間違えたことや、なかなか覚えられないことを記しておき、それを続けていくと、自分オリジナルの「業務用ノート」が出来上がります。

仕事を早くミスなく確実にこなすために、この「業務用ノート」が役に立ちます。

また、上司や先輩に同じことを何度も聞く、使えない新人にならずに済みます。

「前にも教えたのに」「何度も教えたのに」と思わせてイラッとさせてしまったなら、できない人とレッテルを貼られてしまうかも。

そうならないように、「業務用ノート」は必ず作って活用してくださいね。

きちんと会話のルール

仕事を確実に覚える自分オリジナルの「業務用ノート」を作ろう

50 スピーチでは、うまくいっている自分の映像を思い浮かべよう

表現とは、自分の頭の中にしかない映像を相手の頭の中にダウンロードしてもらう行為です。相手の頭の中にある白いスクリーンに、自分にしか見えていない映像を言葉によって映し出していくのです。

その際、自分のスクリーン上に文字しか見えていなかったら、相手のスクリーンにも文字しか映し出すことができません。しかし、自分に映像が見えていたなら、「こういう景色で、大きさはこれくらい、色はこんな感じ」というように伝えることができます。

人前で話すとき、特にプレゼンテーションやスピーチのときは、相手のスクリーンに映像を映し出すことを意識してください。文字だけではなく、生き生きとした映像を描き出しましょう。そうすることで、聞き手にイメージを伝えることができるので、結果として高い評価を受けやすくなります。

また、**プレゼンテーションやスピーチの準備をするときは、何を話そうかメモするこ**

とも重要ですが、それ以上に、うまくいっているシーンを視覚化し、イメージすることが大切です。

そのために必ずやっていただきたいのが、会場を下見することです。あらかじめ見ておくことが難しいなら、始まる5分前でも構いません。その会場で、最後、拍手でプレゼンテーションやスピーチを終えることを、頭の中で映像にして想像してほしいのです。「私は最後に、拍手を受ける」という文字だけでは、リアルに想像できません。実際の会場を見て、この景色のなかでみんなが立ち上がって拍手をして「すごい！」と言っているとか、先輩が笑顔で「よくやったぞ！」と背中を叩いてくれるとか、映像で想像すると実現しやすくなります。

きちんと会話のルール

会場を下見し、成功イメージを思い描く

51 ほめられた過去を思い出して成功体質になる

プレゼンテーションやスピーチで失敗してしまう人は、成功の映像が見えていないことが多いものです。「成功したい」と文字で思っているだけで、生き生きとした成功イメージが見えていません。

その逆に、失敗したときのつらいイメージが、映像でしっかり見えてしまっていたりするのです。「あのとき、あんな失敗をしてしまった。またしてしまったら、どうしよう……」というように。

人は過去の経験をイメージしやすい傾向があるので、プレゼンテーションやスピーチも成功体験を一度味わうと、連鎖して成功しやすくなります。

実際に成功した経験を思い出すと、成功しやすくなるということです。

プレゼンテーションやスピーチでの成功体験がないなら、他の成功体験を想像することも有効です。

たとえば、学生時代、サッカーの試合でゴールした瞬間、チームのみんなが駆け寄ってきて喜び合った経験とか、今の会社に採用が決まったときにお母さんが「よかったね、おめでとう」と言って泣いたとか、どんなものでもいいのです。

あなたが、過去に称賛を受けたときの映像を具体的に思い出してください。

プレゼンテーションやスピーチは、他者評価です。ですから、自分がしたことで誰かから拍手をもらったりほめられたりした経験を、まずは思い出してほしいのです。

そのあとは、会議でも何でもいいので、プレゼンテーションで一度ほめられる経験をすれば、次からはその経験を思い出していけばいいのです。

社内のプレゼンテーションなら、部長とか社長とか、何度も同じ人にプレゼンテーションを評価してもらうことになるでしょう。そこで、一度ほめられたら、その人にほめられたことを思い出して、次回のプレゼンテーションに臨むのです。

「パブロフの犬」と同じように条件づけを行い、成功イメージを刷り込んでしまいましょう。

きちんと会話のルール

何でもいいので、まずはほめられる経験をつくる

ほめられた経験は、なにもプレゼンテーションに限定する必要はありません。最も簡単な方法は、プレゼンテーションでほめられたい上司などに、おいしいお茶をいれて持っていったり、おいしいお菓子を買って持っていったりすることです。そうすると、相手は「おお、ありがとう」「気が利くね」と、何かしら、ほめてくれるはずです。そのときの相手の顔を覚えておき、プレゼンテーションの前に思い出すようにしましょう。

どういう顔をしてほめるのかがわかっているので、プレゼンテーションで成功して、ほめられるイメージもしやすくなるはずです。

52 話は人マネでいい。体験したほうが早く身につく

心理学で「学習」という場合には、方法がいくつかあります。

一つ目は、「指導」です。たとえば、「声を大きくして堂々と、人の目を見ながら話すといいんだよ。はい、やってみて」というように教えます。これだけでは、ほとんどできるようになりません。

二つ目は、「模倣」です。「あの人みたいにやってみて」ということです。そこにスキルの説明は一切なく、「あの人のモノマネをしてください」と言うだけです。そうすると、「あの人は声が大きいから、大きくしよう」とか、「あの人は相手の目を見ているから、目を見よう」とか、自分で観察して模倣します。自分でしたことは実体験になるので学習になり、次からもできるようになります。

三つ目は、「フィードバック」です。やったあとに、「今のはよかった」「ここは直したほうがいい」という他者からのフィードバックがあると、より学習として身につきま

す。

ですから、「あれがいい」「これがいい」と知識で知っていても、自分でやらなければできるようにはなりません。むしろ、**知識がなくてもマネして体験さえすれば、できるようになります。さらにフィードバックがあれば、より精度が上がります。**

つまり、うまくいっている人をマネすることが重要です。

日本での茶道、武道、芸術などにおける師弟関係のあり方の一つである「守破離《しゅはり》」と同じです。師匠の教える型を「守」り、自分に合った型を新たに創り出し師匠の型を「破」り、やがて型から「離」れて自由になるという、技術を身につけていくときの考え方です。

まずは、ロールモデルを徹底的にマネすること。そこで型が手に入れば、あとは、それを応用していくだけです。

入社1年目は、人マネだけで十分

53「よろしかったでしょうか」「こちらが資料の方になります」はNG

社会人になりたての人は、基本的な話し方のスキルを身につける必要があります。なかでも重要なのは、敬語のスキルです。

新入社員は誰でも、敬語を使わなければいけないということは知っています。「えっ、会社では敬語を使わないといけないんですか？」と言う人はいません。ですが、敬語だと思って使っている言葉が間違っていることが多いのです。

よくある間違いが、バイト敬語です。

「**よろしかった**でしょうか」「**こちら**が資料**の方になります**」など。本人は丁寧な言い方だと思って使っているけれど、日本語として間違っている敬語があります。このような、アルバイトで習ってしまった誤った敬語を、バイト敬語と呼びます。

バイト敬語以外で間違って覚えている人が多い敬語には、二重敬語があります。「お越しになられる」といったものです。これらは、避けたいものです。

大学で学生と話していると、学生がよく間違っているのは、「れる」「られる」を付ければすべて敬語になると思っていることです。たとえば、彼らは「先生、今日の午後は研究室におられますか？」と言うのです。「いらっしゃいますか」という言い方を知らないようです。

言い換えを学ぶのが面倒なので、すべて「れる」「られる」で済ませてしまおうとするのかもしれません。

学生のうちは「れる」「られる」を付けるだけでも通用するかもしれませんが、社会人になったなら、敬語への言い換えを学んでください。言い換えができるだけで、きちんと敬語が話せる人だと思ってもらえます。

では、どのように敬語を学べばいいかというと、ロールモデルを見つけてマネすることです。

ロールモデルは、同じ職場の先輩や、課長や部長でもいいでしょう。

日本語の勉強と思うと嫌になってしまうかもしれませんが、職場でよく使う言葉をマネして覚えるだけなら難しくないはずです。敬語は英語のように、「敬語」という別の言語を習得するつもりで聞いて覚えること。

正しい話し方をなるべく早く身につけるには、同行させてもらえるものは全部同行させてもらって、観察することです。

アポを取るときはこういう言い方をするのか、とか、商談のときはこのような言い方をするのか、とか、英会話と同じように慣れていくことです。

×よろしかったでしょうか　↓　○よろしいでしょうか

×こちらが資料の方になります　↓　○こちらが資料です

×おられますか？　↓　○いらっしゃいますか？

きちんと会話のルール

敬語は、英会話と同じように慣れることが大切

●敬語表

	目上の人のときに使う	へりくだるときに使う
する	なさる、される	させていただく
言う	おっしゃる、言われる	申し上げる
行く	いらっしゃる、おいでになる	うかがう
来る	いらっしゃる、おいでになる、見える	参る
知る	お知りになる、ご存じだ	存じる、承知する
食べる	召し上がる、おあがりになる	いただく、頂戴する
いる	いらっしゃる、おいでになる	おる
見る	ご覧になる	拝見する
聞く	お聞きになる	拝聴する、うかがう
座る	お掛けになる	お座りする
会う	お会いになる、会われる	お目にかかる
伝える	お伝えになる	申し伝える
わかる	おわかりになる、ご理解いただく	かしこまる、承知する
読む	お読みになる	拝読する
与える	くださる	いただく、頂戴する
受け取る	お受け取りになる	賜る、頂戴する、拝受する
利用する	ご利用になる	利用させていただく
思う	お思いになる、おぼし召す	存じ上げる、拝察する
買う	お買いになる、お求めになる	買わせていただく
考える	お考えになる、ご高察なさる	考えておる、拝察する
待つ	お待ちになる、お待ちくださる	お待ちする
帰る	お帰りになる、帰られる	おいとまする
家	御宅(おんたく)	拙宅(せったく)
会社	貴社(きしゃ)、御社(おんしゃ)	弊社(へいしゃ)

●こんな言葉に言い換えて、印象のいい人になりましょう！

×来週は来られますか
○来週はいらっしゃいますか

×ご注文の品はお揃いになりましたか
○ご注文の品は、以上でよろしいでしょうか

×おっしゃられる通りだと思います
○おっしゃる通りだと思います

×大変参考になりました
○大変勉強になりました

×粗末なものですが
○よろしければお召し上がりください

×おわかりいただけたでしょうか
○ご理解いただけたでしょうか

×山田様でございますね
○山田様でいらっしゃいますね

×ぜひ、お会いしたいのですが
○ぜひ、お目にかかりたいのですが

×お客様がお越しになられました
○いらっしゃいました

×お名前をちょうだいできますか
○お名前をうかがってもよろしいでしょうか

54 社外の人に話すときは、上司であっても「呼びすて」が正解

社会人になって一番ドキドキするのは、自分の上司を呼びすてにすることではないでしょうか?

社外の人に話すときは、たとえ上司であっても社長であっても、「うちの山田が」というように呼びすてにするのが正解です。

どうしても呼びすてに抵抗があるときは、「社長の山田が」と肩書を入れて呼んでもいいでしょう。

敬語が使えないと、社外からも社内からも低い評価を受けてしまいます。

社外の場合は、個人の問題にはならず、会社自体の評価が下がってしまいます。「この会社は、敬語も使えないような新入社員を採用したのか」と。

たとえ新入社員であっても、会社の顔として、その会社を代表する存在です。

つまり、会社を代表する存在の一人が敬語ができなければ、会社の評価が下がってし

まうということです。

常識がないと判断されたなら、取引先に連れていくわけにはいきません。つまり、敬語を使えなければ、外に出してもらえない可能性があります。

社内の場合は、個人の評価が下がるだけではなく、「今年の新入社員は常識がない」というように、同期の全員が低い評価にさらされてしまう可能性もあります。


きちんとした話し方をする先輩や上司の会話を聞き、会議には用がなくても出席して上層部の人たちの言葉遣いを学び、その会社にふさわしい発言や態度を早く身につけることです。

職場の人たちとのアフターファイブの付き合いを嫌がったり、ランチも一人でとりたいという人が多いようです。会社の飲み会も、できるなら行きたくないと思っている新入社員も少なくありません。

しかし、そこは考え方を変えてほしいのです。

きちんとした会話の手本を聞きにいくことができる場だと思って、**先輩や上司とのランチや飲み会に積極的に参加していただきたいのです。先輩が何人かで飲みにいくなら、「私もついていっていいですか？　飲み代は自分で払いますから」と。ついていって何**

をするのかというと、先輩たちの話を聞き、正しい話し方を知るのです。

英会話を身につけたいと思ったなら、なるべく多く生の英語に触れる機会をつくりますよね。ネイティブが何人かで食事にいくと聞いたなら、ついていって生の英語を聞こうと思うはずです。それと同じように、きちんとした話し方を身につけるために、なるべく多く生の会話に触れる機会をつくるのです。

先輩や上司が話した「なるほど！」と思った言い回しや、「いいな」と思った言い方はメモしておき、日常でどんどん使ってみることです。

きちんと会話のルール

敬語をマスターして、取引先に連れていってもらえる人材になろう

55 ＮＨＫラジオで、正しい日本語を学習しよう

正しい日本語を学ぶことは、英会話を学ぶのと同じです。

英語のラジオやテレビをつけっぱなしにして毎日聞いていると耳が慣れて、英会話が聞き取れるようになってくるといいます。聞き流すだけの英語教材も、人気があります。

それと同じように、敬語や正しい日本語を学びたいなら、ＮＨＫのラジオやテレビをつけっぱなしにしてほしいのです。

ＮＨＫでは、ビジネスで文句を言われるような言葉遣いは一切出てきません。それは、ニュースだけでなくドラマであっても同じです。

ただ、ＮＨＫのニュースは話し方はきちんとしていますが、ビジネスの一般会話に使うには硬すぎます。

そこで、お勧めしているのはＮＨＫラジオです。ラジオ番組はニュースが５分から10分と短く、あとは、ほとんどがフリートークです。**音楽のようにＮＨＫラジオをつけて、トークを聞き流してほしいのです。聞き流すだけでも、日本語の美しさや、敬語・丁寧語を知ることができます。**

きちんと会話のルール

ＮＨＫのラジオ第１放送をつけっぱなしにする

お勧めは、ＮＨＫのラジオ第１放送です。

話の内容には意識を向けなくても構いません。言葉遣いを参考にするつもりで聞き流してみてください。敬語や丁寧語の使い方が、自然とわかるようになっていきます。

56 相手の心を開くキラーフレーズ「ね」で相手中心の会話にできる

会話は、自分から話をする必要はありません。

「教えてください」「聞かせてください」というスタンスで、相手の話を中心に進めていけばいいのです。「そういえば、私も……」というように、自分の話をする必要は一切ないということです。

そのとき文末に「ね」を付けることが重要です。反対されないだろう話題を、「ね」を付けて言うことで共感してもらうのです。

社内で反対されない話題があるはずです。たとえば、「今日の会議は長くなりそうですね」「今朝の社長の朝礼の話、力が入っていましたね」など。反対されない話題を「ね」を付けて言うことで、「仲間です」というアピールができます。

「ね」はリレーのバトンのようなものです。バトンを渡されたら走りだすように、「ね」を渡されると答えたくなるのです。

たとえば、**「大変だったんでしょうね」「ご苦労がおありだったんでしょうね」という**
ように「ね」を付けて質問すると、相手は答えやすくなります。

相手は、「一番大変だったのはね……」「苦労というほどのこともないんですが」と言いながら、さらに詳しく話してくれます。

あるいは、何かうまくいくための秘訣を聞きたかったとしましょう。そのようなときは、「秘訣は何ですか?」と、直接聞かないことです。「秘訣があるんでしょうね」といった聞き方をすると、「実は、こんなことをしています」というように、相手が自分から思いつくことを話してくれます。

「ね」を使うのは、相手に心を開いて話してもらうためのキラーフレーズです。

きちんと会話のルール

会話は相手中心に進めよう。相手が心を開いて話してくれる

57 しっかり下調べをすると、相手は思わず「YES」と答えてしまう

これから会う人に対しての下調べは、徹底的にしてください。

たとえば、他社の経営者と会う約束を取りつけたなら、新聞・雑誌・インターネットなど、あらゆる媒体で、その人について下調べをしておきましょう。ホームページはもちろん、インタビューを受けた記事、出版した本、ブログ、フェイスブックなどのSNSなど、すべて目を通しておくようにします。

下調べをした上で、最初の一つの質問だけを考えていきます。あとは、その場その場で、しっかりと話を聞くことです。

下調べを十分にするのは大切ですが、質問をたくさん考えていって、それを順番に聞くようなことは避けましょう。一問一答のようになってしまい、その人が本当に伝えたいことを、話してもらうことができなくなる可能性があるからです。

私が経験した、ある一流企業での出来事です。

丸の内にある日本を代表する大手企業の本社ビルで、研修の打ち合わせをしました。受付に迎えにきてくれた担当者は、私の執筆した本2冊を抱えていました。しかも、本には付箋《ふせん》がびっしりと付いています。

高層階の会議室へ向かうエレベーターの中の雑談で、その担当者が私の著書をすべて読んだだけでなく、メールマガジンにも登録し、連載記事もすべて読み、セミナーのDVD映像も購入し見てくれていたことを知りました。それも、詳細をきちんと読みこんでいなければわからないことを話してくれるのです。

その後、会議室で細かな研修の打ち合わせをしたのですが、どんな提案をされても、気持ちよく「YES」と言っている私がいました。

きちんとの会話のルール

話す前に、勝負は決まっている

58 第一印象より〝第ゼロ印象〟が大事な時代です

今の世の中の特徴は、第一印象の前に〝第ゼロ印象〟があることです。

一昔前と違って、ホームページやブログやフェイスブックなど、リアルで対面する前に見ることができるものがあります。このように、実際に会う前の情報が与える印象のことを、私は〝第ゼロ印象〟と呼んでいます。

今の時代は、会う前に情報が流れてしまっている時代です。**実際に会ったときの印象が第一印象だとしたなら、その前に見た写真や動画での印象が〝第ゼロ印象〟**です。

メールや電話での印象も〝第ゼロ印象〟です。メールや電話でやり取りしているときは、きちんとしているのに、実際に会ってみたら、思ったよりきちんとしていなかったりします。

メールの場合、職場で使うフォーマットがあって、それをもらって宛名だけ変えて送っていたり、電話でもマニュアルどおりに話していたり。一見きちんとしているようですが、型にはまらないやり取りになったときに、素《す》が出てしまうのです。

大事なことは、第ゼロ印象と第一印象に一貫性があることです。

メールではきちんとして誠実そうに感じたのに、実際に会ったら頼りない感じだったなら、そこに一貫性を感じることはできません。

考えてほしいのは、自分が与えている第ゼロ印象はどんなものかということ。その印象と一貫性のある第一印象を与えることで、全体としての信頼感を与えることができるのです。

きちんとした会話のルール

会う前の印象と会ってからの印象の一貫性を保つ

59 「他人評価」を使ってアピールすると、相手に強く印象づけられる

入社1年目ということは、何らかの審査を通過して入社しているわけです。そこには、必ずあなたを採用した理由があります。

入社してから必ずやっていただきたいことは、当時の面接官に、「私のどこをいいと思って採用してくださったのですか？」と聞くことです。

一度、評価されたから、あなたはその会社にいるのです。自分のどこを認めてもらったのかを知っておくこと。つまり、評価された部分が、あなたの商品価値だからです。

自分の商品価値を知ったなら、次はそれを他者に語ることです。

たとえば、取引先の方に会ったなら、こんな会話が交わされるかもしれません。

「○○商事の入社1年目の△△です。よろしくお願いします」

「君、元気いいね」

「はい。上司からも、『お前のその元気さだけは認める』と言われたんですよ」

と、相手に印象づけることができます。

これが、「僕はずっと野球部だったので、声が大きいんです」などと言うと、自慢話や学生時代の話になってしまい、ビジネスでの会話にはふさわしくありません。

ですから、「このようにうちの会社でも評価をもらっています」というような表現ができるように、できるだけ早いうちに当時の面接官に聞いておくことです。

「ええと、なんでかな。君、優秀だったから」と曖昧な答えしか返ってこなかったとしても、そこであきらめないで、どこが優秀と思ったのか、他の受験者と何が違ったのかを聞くようにしましょう。今いる同期と自分は何が違ったのかを、根掘り葉掘り聞いてほしいのです。その場で答えがもらえなかったら、「後日、改めて聞かせてください」と伝えて、必ず聞き出してください。適当なところであきらめずにしっかり聞くこと。それがあなたの財産となります。

大学の教え子が、就職面接を通過したと報告しにきてくれました。第1志望の企業の面接で、周りは年上の大学院生ばかりで緊張したそうです。

人事の担当者に、面接合格の理由を聞いてみたところ、エントリーシートの短所を書く欄に「血の気が多い」と書いていたのが印象に残ったと言われたそうです。その学生は、「血の気が多いのは私の悩みです」と言うのですが、そこが企業からは評価されたのです。

このように自己評価と他者評価は、まったく違っている場合が多いものです。あなたの本当の価値を知り、それを語れるようにしておきましょう。

きちんと会話のルール

当時の面接官に、なぜ採用してくれたのかを聞いてみよう

60 ネガポジ言い換えの訓練をしてみよう

「私は根気がないんです」とか、「私は人前で緊張してしまうんです」とか、弱みを自分からアピールしてしまう人がいます。

「あなたは計画性があるね」と言っても、「でも、根気がないんです」と。強みに言い換えてあげても、弱みをアピールしてくる人が意外と多いものです。

日本の教育自体が、弱みを指摘し直すことを行ってきたので、弱みを発見するのが上手になってしまうのかもしれません。

前にも書いたように、私は偏差値40台の地方の女子大出身です。

「私には難しいNHKのニュースはわからない。池上彰さんの『こどもニュース』くらい解説してくれないとわからない。私でもわかるようなニュースを作りたい」と面接で話しました。これは、まさに私自身の弱みを強みとして認めてもらえた例です。

入社1年目の人たちには、見つけた自分の弱みを強みに変換できないか？　その弱みをビジネス上の強みにできないか？　ということを考えてほしいのです。

そのためには、ネガティブをポジティブに言い換える、言い換え訓練が役に立ちます。

たとえば、「無鉄砲」は「行動力がある」に、「気が弱い」は「出しゃばらない」に、「仕事が遅い」は「仕事が丁寧」に、「だらしがない」は「おおらか」にと、短所も裏返せば長所となります。

物事は、見方によってネガティブにもポジティブにも捉えられます。自分の弱みもネガティブではなく、ポジティブに言い換えて、強みとして発揮してほしいと願います。

また、チームを組んで弱いところを補い合ってビジネスを進めるのが社会人です。学生時代は、弱みをなくしていく必要があったかもしれません。しかし、社会人になったなら、弱みは弱みとしてあきらめるのも重要です。むしろ、強みを伸ばし、弱みは誰かに補ってもらうことが大切なのです。

きちんと会話のルール

自分の弱みを強みにできないか考える

61 緊張していると感じたら、緊張している自分をほめる

よく受ける質問の一つに、こんなものがあります。

「人前で緊張してしまうんですが、どうしたらいいですか？」

この質問をいただいたとき、まず申し上げるのは、「緊張って、いいことなんですよ」ということです。

このように言うと、皆さん、びっくりした顔をされます。

プレゼンテーションの前日に緊張して眠れなかったとか、一晩中練習していたということもよく聞きます。

緊張を感じたなら、まずは緊張している自分をほめることです。

きちんと話そうとしているから緊張するのであり、その場を大事にしているということだからです。つまり、その場にいる相手へのリスペクトにつながるということです。

緊張するのは、むしろ良いことなのです。

緊張は悪いことと思っていると、何とかしなければいけないと余計焦ります。

緊張していないと「きちんと感」が出ません。むしろ緊張しなくなったなら、終わりなのです。

大事なことは、緊張したあとの対処の仕方を知っているかどうかです。悪い例は、緊張がどんどん雪だるま式にふくれあがっていって、コントロールが利かなくなることです。緊張するのはいいことと捉え、その対処法を知りましょう。

「今日は少し、緊張しています」と言ってしまうのも手です。最初に宣言してしまってもいいですし、話していて突っかかったりしたときに言ってもいいでしょう。聞いている側は不快に思うどころか、応援する気持ちになってくれるはずです。

ちなみに、エグゼクティブは、「緊張しているので、どうしたらいいですか？」と私に聞いてくることはありません。

「ここが覚えられないので、どうしたらいいですか？」

「スピーチしているときは、どこを見たらいいですか？」

と具体的な質問をしてきます。

緊張していることは当たり前のことで、避けることでも隠すべきことでもありません。

緊張することを前提に、何をどうしたらいいのかを考え対処しているエグゼクティブからのこのような落ち着いた質問に、いつも感心させられます。

きちんと会話のルール

緊張するのは、その場を大切にしている証拠です

62 電話の前に鏡を置くだけで、話し上手になれる

生まれて初めて、人前で講演したときのことです。

講演の数日前に、同じ会場を下見して、客席にカメラを置いて、自分の話している姿を撮影しました。自分が客席からどういう角度でどう見えているのか、どんな印象を与えているのかを知りたかったからです。相手にきちんと見せたいときは、まず自分がどんな表情で話しているかを知ることです。

ビジネスマンが、自分の表情を知るには、鏡を使うのが効果的です。

鏡の前で自分の顔を見ながら、名刺を渡す練習、自己紹介の練習、プレゼンテーションの練習をしてみてください。

また、会社のトイレでもどこでもいいので、全身鏡があったなら、そこで練習をしましょう。全身鏡のある場所を探してください。そこで毎朝、必ず全身をチェックしてほしいのです。

誰かに挨拶に行くときは、「おはようございます。株式会社◯◯の△△と申します」と、事前に全身鏡の前で言ってから出かけてみてください。

おそらく、そのときに一番多いパターンは、表情がまったく変わらないこと。口だけがパクパク動いて、目も眉も動かない状態です。そこできちんと目が開いているか、笑顔になっているか、歯は出ているかを意識してください。

表情は、動いたほうが印象がよくなります。ころころ表情が変わるのが理想的です。喜怒哀楽に合わせて表情筋が動いているかどうか、鏡で確かめていただきたいのです。

日頃から習慣にしてほしいのは、電話の前に鏡を置いて、自分の表情をチェックしながら話すこと。

電話が鳴ったら鏡を見て、笑顔をつくってから「はい！　◯◯部の山田です」と電話に出るのです。電話の途中でも、自分がどんな表情で相手の話を聞いているのか、鏡でたまにチェックするようにしましょう。

よく言われることですが、自分のことは自分が一番わかりません。

人はあなたが話している様子を見ていますが、あなた自身は、自分が話すところを見たことがないという、恐ろしい状態が当たり前です。

ちなみに、私が伺う**国会議員の部屋や経営者の社長室には、ほとんど全身鏡が取り付けられています。**

エグゼクティブは、全身鏡で自分をチェックすることが習慣になっているのです。

きちんと会話のルール

表情筋の動きを知るために、鏡を活用しましょう

63 印象を左右する三要素とは？

人を説得するときに最も重要なのは、アイコンタクトです。

声の大きさ、ジェスチャー、アイコンタクトの三つの要素のうち、**最も印象を左右するのはアイコンタクト**だという心理学の実験データもあります。

まず、目が合っているかいないかが重要です。さらに、その人の本気の度合いややる気、モチベーションを測るには、目の開いている時間の長さで判断されます。

目を合わせることと、目を見開いている時間が長いことで、「目力がある」と思ってもらえます。会話中の目の開いている時間とモチベーションは比例していると、人は感じるのです。

「目力がある」と思ってもらうには、まばたきの回数を意識して少なくすることです。

なぜなら、まばたきの多い人は、自信がないか嘘をついているという印象を他者に与えるという心理学の実験が数多く報告されているからです。

誰かを説得しようと本気になったときは、人はその人と目を合わせ、まばたきの回数も少なくなっているはずです。

「目力」を強める練習をするには、1分間、まばたきをなるべくしないようにして、目を見開いて話すことです。

ぜひやっていただきたいのは、社名と自分の名前の間はまばたきをしない練習です。「はじめまして。株式会社○○の△△と申します」、これで7秒くらいです。7秒間、目を見開くことは難しくありません。意識して、まばたきをしないようにしてみましょう。

きちんと会話のルール

目力を生むには、アイコンタクトとまばたきの回数が重要

コラム 3

自信がない人ほど、〝きちんと〟できる

自信がない人ほど〝きちんと〟できる、と私は思っています。

私は学生時代、まったく〝きちんと〟していませんでした。ニュースも見ませんでしたし、新聞も読みませんでした。学力も高くなかった。

とにかく自信がなかったのです。

そのため、社会人1年目は、きちんとした話し方を模索して身につけるようにしました。自信のある人なら素手で戦えるようなところを、自信がなかったので、ひたすら武器を身につけたのです。

私の身につけた一番の武器は、「〇〇によりますと」という話し方です。

つまり、会議やプレゼンテーションで提案したいことがあったら、データで訴えるのです。「厚生労働省の統計によりますと、こうなっています。ですから、この企画をしたいです」というような言い方です。「私は自信がないけれど、権

威ある調査機関がこのように言っています」と言うことで、企画を通してきました。「○○によりますと」は、いまだに私がよく使うフレーズの一つです。

自信がないからこそ、徹底的に調べないと安心しません。事実を証拠として提示しようとします。その積み重ねで信頼されていくのです。

たとえば、自信たっぷりに「任せてください」と言って、期日ギリギリになって完成度の低いものを提出する人よりも、「いつまでですか？　30日までですね。私は自信がないので、20日に1回お見せします。ご意見ください」と言う人のほうが、最終的にはいいものをつくります。

このように自信がないからこそ、一つ一つをていねいに進めることで、信用を積み重ねていくことができるのです。

矢野 香（やの・かおり）

スピーチコンサルタント。信頼を勝ち取る「正統派スピーチ」指導の第一人者。NHKでのキャスター歴17年。おもにニュース報道番組を担当し、番組視聴率20％超えを記録。2011年、「話をする人の印象形成」の研究（主に心理学）で、大学院で修士号を取得。現在は、国立大学の教員として研究を続けながら、他者からの評価を上げるコミュニケーションの専門家として、政治家の選挙演説対策、大手企業の株主総会対策、役員候補者研修、学生の就職面接対策など、幅広い層に「信頼を勝ち取るスキル」を指導している。話し方・表情・動作の指導に定評があり、過去の受講生にはプロの話し手も多数。クライアントには、日立製作所、武田薬品工業、リクルートホールディングスなどの大手企業、著名人が名を連ねる。著書に、ともにベストセラーとなった『その話し方では軽すぎます！―エグゼクティブが鍛えている「人前で話す技法」』（すばる舎）、『【NHK式＋心理学】一分で一生の信頼を勝ち取る法―NHK式7つのルール』（ダイヤモンド社）などがある。

「きちんとしている」と言われる
「話し方」の教科書

2015年 9 月30日　第1刷発行
2015年10月27日　第2刷発行

著　者　矢野　香
発行者　長坂嘉昭
発行所　株式会社プレジデント社
〒102-8641　東京都千代田区平河町2-16-1 平河町森タワー 13階
電話：編集（03）3237-3732　販売（03）3237-3731

装　丁　石間 淳
販　売　高橋 徹　川井田美景　森田 巌　遠藤真知子
構　成　高橋恵治
イラスト　木下もへ
撮　影　大沢尚芳
編　集　渡邉 崇
制　作　関 結香

印刷・製本　凸版印刷株式会社

ISBN978-4-8334-2151-5　Printed in Japan